纪云裳 著

土永远是少年

居易诗传

河南文艺出版社

· 郑州 ·

图书在版编目(CIP)数据

此生永远是少年:白居易诗传 / 纪云裳著. --郑州:
河南文艺出版社,2024.7

ISBN 978-7-5559-1627-7

Ⅰ.①此⋯ Ⅱ.①纪⋯ Ⅲ.①白居易(772-846)-传
记 Ⅳ.①K825.6

中国国家版本馆 CIP 数据核字(2024)第 095987 号

选题策划	崔晓旭
责任编辑	崔晓旭
责任校对	樊亚星
装帧设计	张 萌

出版发行	河南文艺出版社	印　张	8.5
社　　址	郑州市郑东新区祥盛街 27 号 C 座 5 楼	字　数	155 000
承印单位	河南瑞之光印刷股份有限公司	版　次	2024 年 7 月第 1 版
经销单位	新华书店	印　次	2024 年 7 月第 1 次印刷
开　　本	890 毫米 × 1240 毫米　1/32	定　价	49.00 元

去白居易家串门

　　诗人余光中曾说，如果选一位古人结伴旅游，他不会选李白，李白没有现实感，难免不负责任；也不会选杜甫，杜甫苦哈哈的，太严肃了；选苏东坡就挺好，可以做好朋友，因为苏东坡是一个很有趣的人。

　　那么我想，如果可以选一位古人比邻而居，是不是可以选白居易？他好酒、好茶、好佛、好妓，好少年意气、平生知己，好世间一切美物，也好"乐天知命"的那一份闲适与"对火玩雪"的潇洒。他身上有李白的才情与少年气，豪饮可，作诗可；有杜甫的敦厚与忧国之心，谈论苍生可，关心粮食与朝局可；也有苏东坡那般随遇而安、把生活化腐朽为神奇的有趣灵魂，炼丹可，论禅可，养竹可，种地可，酿酒可，弹琴可，山水风月更是不亦快哉。

　　或许很多人"初遇"白居易，都是从课本上的"离离原上草，一岁一枯荣"开始，包括这首诗背后的才子传奇——十六岁的白居易去长安找顾况行卷，欲考取功名，顾况看到其名字后，打趣"长安百物贵，居大不易"，读罢《赋得古原草送别》后又感叹"有句如此，居天下有甚难！

老夫前言戏之耳"。这个故事被世人津津乐道，事实上白居易十六岁时并未去过长安，他前去干谒之人，也不是顾况。

白居易二十七岁匹马入长安，"慈恩塔下题名处，十七人中最少年"，一口气累登进士、拔萃、制策三科，一时春风得意。入仕之后，他因《长恨歌》平步青云，位列朝班，志在"整顿纲纪，澄清吏治"，又发动"新乐府运动"，针砭时弊，为民请命。狂狷激扬处，连天子都敢得罪，可谓不撞南墙不回头，以至于含冤被贬江州，从此在精神上走出了庙堂，由兼济天下转向独善其身，为人生打开另一片天地。

江州之于白居易，一如黄州之于苏东坡，远离朝堂，也就远离了朋党之争和险恶机巧，在后半生开始的地方，效仿陶渊明的处世之道，一点点地磨平锋芒，以完成"故我"的涅槃。他们同样清正廉洁、疾恶如仇，同样将一腔少年意气、巨大的政治热情化作冲淡之风，云在青天水在瓶。在金銮殿上草拟诏书的手，也同样可以挥舞锄头，在大地上种瓜种豆。于是，白居易变成了白乐天，苏轼则变成了苏东坡。后来苏东坡一再被贬，写下"此心安处是吾乡"时，想起的应是白居易的"我生本无乡，心安是归处"吧？

因为白居易，在我心里，庐山也成了一座具备浪漫气质的山。"晚来天欲雪，能饮一杯无？"这样的邀约，来自千年之前的香炉峰下，一如邻居的召唤，令人心生温柔。

写诗的人，无疑是时间的赋形者。千年之后，当我们翻开诗篇，就像翻阅一个人的心灵史，其中有浩瀚的海洋，也有俊秀的山峰和热气腾腾的小茅屋。

想那青春年少的岁月，曾憧憬至死不渝的爱情，时常为"在天愿作比翼鸟，在地愿为连理枝"感动，喜欢白居易，就像喜欢一尊完美的偶像，读他的诗词，也像读落日下的影子，只有想象的轮廓，没有颜色、气味和温度。如今历经世事，年近不惑，方知"大都好物不坚牢，彩云易散琉璃脆"，相比意气风发的白居易，我似乎更喜欢中年以后的白乐天，真意在，温情在，癖在，疵在。

所以，这本书，也是一本有着邻人气质的书。我希望它是面容亲切的，有松弛感的，言语的底子是温暖的、闲适的。打开它的感觉，就像风雪欲来的黄昏，去白居易家串门，柴扉已为你打开，屋里的红泥小火炉上升腾着白雾，酒香轻轻勾住你的魂，于是围炉夜话，主人一生的故事，正好用来下酒。

纪云裳

二〇二三年七月

目　录

第一幕

　　所念人，所感事

一　从内心里生长出来的路......3

二　月光下的流浪者......13

三　此生有梦到东邻......21

四　夜绵绵而未央，候东方之晨光......35

1

第二幕

　　最是春风少年时

五　慈恩塔下题名处,十七人中最少年......47

六　纷纷花枝下,遇见元微之......56

七　大好河山可养竹......64

八　风浪迭起,与君比邻而居......71

第三幕

　　理想主义者的热血沉浮

九　心忧百姓,心念一人......85

十　仙游寺,长恨歌......97

十一　长安之春......106

十二　秦中吟,桐花诗......118

十三　晴耕雨读,归园田居......133

十四　再见"故我"......147

第四幕

　　我生本无乡,心安是归处

十五　晚来天欲雪,能饮一杯无......159

十六　大抵心安即是家......171

十七　江南忆,最忆是杭州......186

十八　云自无心水自闲......199

第五幕

　　我寄人间雪满头

十九　诗酒堪送老,琴鹤慰幽独......213

二十　世间再无元微之......225

二十一　放眼看青山,任头生白发......236

二十二　花非花,雾非雾......249

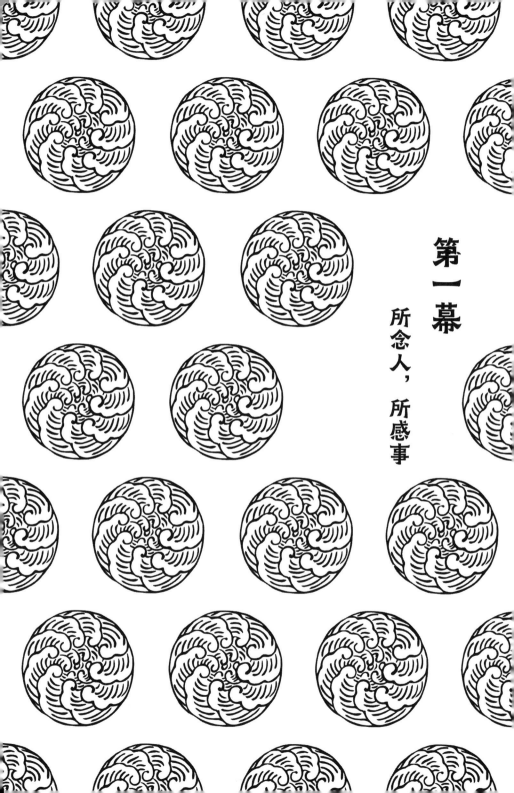

第一幕

所念人，所感事

一 从内心里生长出来的路

生逢乱世，总有太多的身不由己。即便是再普通的百姓，个人命运也难免会跟家国兴亡交织在一起，就像漂泊在茫茫大海上的小舟，前路风云莫测，变幻全凭天意。

唐代宗大历七年（公元772年）正月二十日，一场春雨降临中原。

是时，青山萦翠，河川化冻，大地之上草木生长，仿佛从不曾沾染人间的苦乐与悲欢。

而人间，一个海晏河清、修文偃武的时代已经终结。历史上最有名的诗人已经乘风而去，化作天上的星辰；一个用诗歌构筑的王朝也已经到了日影斜飞的午后，正式步入沧桑的中年。

就在这一天，中原大地上的某个小村庄里，一个男婴降生了。

小婴儿的哭声如雨水洗过一般清亮。片刻之后，在母亲的安抚下，他止住哭声，进入梦乡。

窗外的雨也渐渐停了，浮云散去，天地之间光风霁月，万物澄澈。

一切似为吉兆。

这场春雨为小婴儿的生命拉开了序幕。不久后，他就将感受到一个春和景明、草木葱茏的新世界。

但他往后的人生是阳光和煦，还是风雨如晦，没有人可以洞悉。

就像没有人知道，这个孩子，将来有一天会用自己的名字，撑起中唐文学史的一片天空。

是以，他的家人们只能寄望，他日后可以成为一名有操守的君子，在风云变幻的时局中，以静制动，以不变应万变。

《礼记·中庸》有言："故君子居易以俟命，小人行险以徼幸。"

意思是君子行事，只问耕耘，莫问前程，坚守好自己的本分，只需等待命运的安排；而小人却会铤而走险，去谋取对自己有利的机遇。

这便是白居易名字的由来。

如果世间真有命运一说，那么名字则是降临在身上的第一层命运。

就像一把钥匙，打开的是一个人的出身、阶层，以及曲径幽深的家族基因。

白居易出身书香门第，其祖父与父亲都因明习经学而步入仕途，也都是性情中人。

白居易的祖父白锽，也就是为白居易取名的人，生于山西太原，成长于河南洛阳，自幼好学，善于文章，尤工五言诗歌，十七岁即明经及第。入仕之后，白锽到中原各地担任县令，皆勤政清廉，深受百姓爱戴。

白锽为人豪迈，刚正不阿，还有一定的军事才华。曾有节度使赏识他治县有方，特聘请他为参谋，保奏朝廷授其绯鱼袋，与之商酌军机要事。但在节度使帐下，白锽数次直言相谏都未被采纳，他一气之下，干脆留书不辞而去。

后来，白锽又出任巩县县令，倾其数年心力，护一方百姓周全。

晚年时，因与新郑县令交好，且见新郑景色清幽，民风和畅，便举家从洛阳搬迁至新郑城西十二里处的东郭宅。

东郭宅阡陌交通，鸡犬相闻，溱洧二水碧波交汇，的确是个避世的好地方。

这里值得一个人散尽积蓄，买田置宅，与好朋友比邻而居，然后开枝散叶，延续一脉香火。

只是，在家族兄弟中排行第二十二的白居易才两岁的时候，他的祖父就过世了。

对于白居易而言，祖父白锽的印象，就像是记忆之河上闪烁的光斑，朦胧、璀璨，是一种带着浪漫的温暖。

譬如童年时，白居易就从家中仆人们的口中得知，祖父生前喜欢酿酒，也喜欢诗书。

在月光大好的春夜，祖父就会效仿李太白，与家中的后辈们一起开琼筵坐花，飞羽觞醉月，以佳咏伸雅怀："夫天地者，万物之逆旅，光阴者，百代之过客。而浮生若梦，为欢几何……"

那是整座白家大院的盛事，仆人们在廊下烧炭炙酒，小孩子们在园子里嬉闹、捉迷藏，时光静静流逝，空气里酒香弥漫，交互着芍药的芳馥，犹如潮湿的雾气，令人微醺而欢喜。

在无数个晚霞漫天的黄昏，祖父都会骑着他的毛驴，腰间挂一壶老酒，沿着河岸慢慢徘徊，望着涌动的水波、逶迤的群山、归巢的白鹭，神思凝重。

那个时候，没有人知道驴背上的老县令在想什么。

只知道有一次，他在河岸边与一名落魄的书生盘膝喝酒，书生念了一句杜甫的"国破山河在，城春草木深"，竟惹得他老泪纵横。

　　后来白居易想，祖父的心思，父亲白季庚应该明白。

　　一如他自己在少年时就明白，生为男儿，应以怎样的姿态，立于天地之间，心怀家国与苍生。

　　白居易的父亲，就是他的榜样。

　　白季庚是家中长子，在个性方面，他遗传了父亲白锽的清正豪爽，就连人生轨迹也与父亲颇为相似——都是通过科举考试脱下布衣，走上仕途，之后一直在外地任职。

　　白居易出生那年，白季庚在宋州担任司户参军，七年后，他又官升徐州彭城县令。

　　当时恰逢淄青平卢节度使李正己亡故，其子李纳起兵造反，朝野一时风声鹤唳。

　　而朝堂之上，众人无计可施。

　　年轻的德宗一声叹息，望着满朝文武，颤声发问："李纳是想成为第二个安禄山吗？"

　　没有人应答。

　　众人岂能不知，淄青镇治所在山东，辖地十五州，拥兵十余万，雄踞一方，占据天时地利人和。李纳擅领军务后，先是发布了一篇淄青镇脱离朝廷的文书，然后又迅速派重兵屯驻于宿州城，掐断了汴河通往京城的运输动脉，企图占领富庶的江淮地区，以积累更多对抗朝廷的资本。

而且受淄青镇管辖的徐州，其刺史李洧正是李纳的堂叔，他会不会和徐州周边的其他州县一样，站在叛军的那一边？

这个时候，在命悬一线的徐州，有一个人站出来了。他以三寸不烂之舌动之以情，晓之以理，说服了徐州刺史李洧："使君乃深受朝廷厚恩，若反，悖天理灭人伦也！"

那个人，就是白季庚。

于是，李洧选择了忠于朝廷，站在了叛军的对立面。

李纳很快令骁将率两万精兵围攻徐州。显而易见，这是一场艰难的保卫战，因为徐州根本没有军队，只有白季庚临时召集的吏民千余人，除了死守等待援军，别无他法。

然而即便如此，这场战争，徐州还是守住了。

白季庚带着他的临时军队，排兵布阵，浴血搏杀，坚持了四十二天，终于等来了救兵，为朝廷解了燃眉之急，让徐州得以保全，汴河也得以疏通。

时年八岁的白居易曾问他的母亲陈夫人："父亲是如何打败叛军的？"

陈夫人想起夫君坚守城池时，身上无一处没有箭伤，不禁眼角泪光莹莹："亲当矢石，昼夜攻拒。"

或者也可以说，是白季庚多年研习的兵法战术，是他的一腔孤勇、满身正气，是他为国家杀身成仁、舍生取义的选择，给了士兵们力量，大家一起守住了城池。

小小个头儿的白居易望着母亲，眼神坚毅："孩儿日后也要像父亲一样，致君尧舜上，再使风俗淳。"

陈夫人满心欣慰，遂温柔微笑："我儿的宿习之缘已在文字里。日后啊，定能英才瞻逸，名闻天下。"

白居易自小聪慧。据说白居易六七个月大的时候，乳娘抱着他在书屏下玩耍，旁边有人告诉他"无"字和"之"字的读音，他还不会说话，心里却可以默默记下笔画。后来再有人问起那两个字，他每次都能举起小手，准确无误地指出来，亲见者无不暗自称奇。

陈夫人是白居易文学上的启蒙老师。

她很早就知道，自己的儿子生来与文字有缘，往后的命运或许会与文字联结在一起。

陈夫人是一位饱读诗书的大家闺秀，温良恭俭，教子有方。

白居易和兄弟们正式入学之前，陈夫人就开始在家亲执诗书，对他们昼夜教导，循循善诱，且从不打骂。

很多年后，白家兄弟皆以文学仕进，官至清近（谓居官清贵，接近皇帝），想一想，除却他们的文学天赋和勤勉个性，还有赖于陈夫人的慈训。

白居易五岁习诗，九岁通晓声韵，十六岁就能写出流传于世的诗歌，甚至日后在诗坛上可以比肩李杜，一切的因缘，不是无迹可寻。

白季庚的英勇忠义也为他赢得了德宗的嘉奖和信任，不久即官升徐州别驾。

朝廷来旨："今州将忠谋，翻然效顺，叶其诚美，共赞良图。我悬爵赏，俟兹而授。宜加佐郡之命，仍宠殊阶之序。"

数年后，白季庚加授检校大理少卿，朝廷又不忘提及他的旧勋，将他列为人臣的表率："尝宰彭城，挈而归国。旧勋若此，新宠蔑如；或不延厚于忠臣，将何劝于义士？宜从亚列，再贰徐方。"

徐州战事稍息，中原地区也发生了战乱，无数士兵失去生命，无数百姓流离失所。

建中三年（公元 782 年）十月，淮宁节度使李希烈领旨去青州招抚李纳，私下却联合李纳共同谋反。年底，各藩镇皆自立为王，公然响应李希烈。不到三个月的时间，李希烈的军队便攻陷了汝州，兵锋直逼东都洛阳。其间，李希烈还杀死了朝廷派来劝降的老臣颜真卿。

在局势一片动荡的时候，白季庚只能舍弃新郑的白家大院，匆匆将家眷接到徐州辖区，暂时安置于符离县毓村的东林草堂。

那里临近滩河，颇为幽静，河岸不远处，就是后来出现在白居易笔下萋萋满别情的滩古南原。

常常，站在滩河边，望着风平浪静的河水，来自异乡的少年想起生养之地的那些人、那些事、那些情，不免心思沉沉。

想起父亲坚守徐州时的累累箭伤。

想起祖父当初感怀战乱时流过的眼泪。

想起母亲的宿缘之论。

想起蜿蜒远去的溱河与洧河，金灿灿的阳光漫过大片田野。一群孩子散学归来，各自捡一袋石块打水漂，一阵阵欢呼雀跃。河水倒映着大朵大朵的白云，和风习习，树影婆娑，水面上每一个细小的波纹都让人思绪漫溢。

也想起小时候的上巳佳节，春风和煦，阳光潋滟，河水奔流，芍药绽放。

在那片溱洧二水交汇的土地上，他曾学着大人的样子，手持兰草，祈求上苍祛除病痛，降临祥瑞。

他曾在水边看到年轻的男女，与心上人互赠花朵。

他也曾在夕阳西下的归家路上，采一把芍药，和同龄的孩童们唱一支古老的歌谣："溱与洧，方涣涣兮。……洧之外，洵讦且乐。维士与女，伊其相谑，赠之以芍药……"

可叹仓促离乡，来不及好好告别，再多的追忆也不过是光阴中的一丝波纹。

十二年倏忽而过，无情的是战乱，也是时间。

溱洧的水波依旧澄澈，古老的歌谣依旧无邪，只是那涉江采芍药、少小无疑猜的日子，终究是一去不复返了。

还有没有可能再回到新郑？

时年十二岁的白居易不知道。

毕竟生逢乱世，总有太多的身不由己。即便是再普通的百姓，个人命运也难免会跟家国兴亡交织在一起，就像漂泊在茫茫大海上的小舟，前路风云莫测，变幻全凭天意。

但显然，亲历兵荒马乱，看过在饥荒中灾民们蒸蝗虫而食的白居易，已不再是一个只会在学堂读书、在河岸打水漂的无忧少年。

那个时候，他知道自己为何与那些捕捞鱼虾的乡野顽童不一样，也与那些博弈投壶的纨绔子弟不一样了。

他颠沛流离、载沉载浮的一生，才刚刚开始。

他内心里的家国忧思，已如野草一般疯长。

命运是风起青萍之末，命运也是河心投石，千层浪涌。

就是在那个时候，白居易深深明白，"致君尧舜上，再使风俗淳"，不仅是一句令人热血沸腾的诗句，也是沉甸甸的誓言，是肩膀上担负的使命，是从内心里生长出来的路。

二　月光下的流浪者

那一场与自己无关的盛宴，便自此成了他生命中多年不曾忘怀的梦境。或者说，那是一次美学的启蒙、一种精神的指向，在少年的心胸间，引起了绵长的共鸣和旖旎的震颤。

建中四年（公元 783 年）冬，为了躲避两河用兵，白居易在父亲的安排下，来到江南求学。

当时，他的从叔父白季康正在宣州任溧水县令，家中的两位从兄也都在越中任职。在亲人的照拂下，小小年纪的白居易得以栖身于苏州的一家学堂，开门即是粉墙黛瓦、枕河人家。

苏州，江南中的江南，有诗酒风流、美人如玉，也有银鞍白马、吴钩胜雪。冬去春来，亦有异乡人的愁绪，如绵软的烟雨，不经意即拂上心头。

在江南，光阴也仿佛软糯了下来，好似那令人微醺的杨柳春风，吹面不寒，波澜不惊。

数年之间，因为苦节读书，且受吴越人文的影响，白居易的诗赋策论都已有了自己的风格与气象。

但白居易明白，求取功名，道阻且长。

在唐代，一个读书人要想步入仕途，就必须通过科举考试，或明经科，或进士科。白居易的父辈们都是通过明经科入仕，却也因此官位低微。相比明经科，进士科的考试要艰难得多，评选的标准也更为严格，不仅要考帖经墨义，还要考时务策论、诗赋文章。

于是当时民间便有俗语流传："三十老明经，五十少进士。"

而白居易要考的，正是进士科。

随着时间的推移，白居易的思乡之情也愈发强烈。

读书之余，他经常会想念徐州的亲人，他的大哥幼文，弟弟行简、幼美，以及那些从小一起长大的从兄弟。

无奈战火纷飞，山长水阔，他只能将满腹心事寄托笔墨，将那难以冷却的少年热血、无处言说的游子孤独，在灯下一遍一遍抒写。

故园望断欲何如，楚水吴山万里余。

今日因君访兄弟，数行乡泪一封书。

——《江南送北客因凭寄徐州兄弟书》

一个夏夜，风雨倾城，来自江南的文人雅士却齐聚苏州刺史府，于楼阁之上，品尝佳果，举杯赋诗，悠然可忘世。

那场宴席的主人，便是当时的苏州刺史韦应物，人称"韦苏州"。

韦应物出身京兆韦氏，名门望族，十五岁即陪玄宗一起出入宫闱。他豪纵不羁了一辈子，晚年坐镇苏州，风流依然不减当年。

席间，韦应物写下《郡斋雨中与诸文士燕集》："兵卫森画戟，宴寝凝清香。海上风雨至，逍遥池阁凉。烦疴近消散，嘉宾复满堂……"

字里行间，满是豪侠之气与盛唐遗风。

一如那场名扬吴越的盛大宴席，琥珀钟里琉璃浓，小槽酒滴珍珠红。罗帏绣幕间，乐工的玉箫堪比绕梁的天籁，善舞的吴娃环佩叮珰，柔媚的纤腰比新月更皎洁。就连席上所焚之香，也是取自异域深海中神奇的大鱼，令闻者神欢体轻，飘然若仙。

时年十四五岁，寄人篱下的白居易无缘那场夜宴。

四十年后，在《吴郡诗石记》中，新上任的苏州刺史白居易还能清晰地记起吴地旧事与少年梦想："贞元初，韦应物为苏州牧，房孺复为杭州牧，皆豪人也。韦嗜诗，房嗜酒，每与宾友一醉一咏，其风流雅韵，多播于吴中，或目韦、房为诗酒仙。时予始年十四五，旅二郡，以幼贱不得与游宴，尤觉其才调高而郡守尊，以当时心，言异日苏、杭苟获一郡，足矣。"

贞元初年的白居易并不知道自己的梦想能否成真。

但韦应物的诗，显然可以为一位少年才子推开一扇入梦之门。

在梦中，白居易也成了一座城池的主人，公务之余，尽可与宾友秉烛夜游，一醉一咏，做一个逍遥自在的诗酒神仙。

那首《郡斋雨中与诸文士燕集》，白居易读了许多遍，也记了很多年。

世人都说韦苏州的诗句冲淡高逸、流丽清雅，白居易却读出了诗句之外的兴讽意味、一位文人的仁爱之心，看到了一个地方官对民间疾苦的共情，以及居安思危的襟怀。

若不然，韦应物又何必在诗中写："自惭居处崇，未睹斯民康。"

对于百姓，韦应物一直是怜惜的。

所以，他才会勤于吏职，简政爱民，并时时反躬自责，为自己没有尽到责任、空费俸禄而自愧。

他才会在苏州任满之后，为百姓散尽钱财，连回京的路费都不留，只能寄居于苏州无定寺，最终客死他乡。

总之，彼时的韦应物，其人其文其经历，所散发出来的魅力，都已经迷住了少年白居易。

如果说，之前白居易在他的父辈身上学到了为官的勤勉、道义与忠诚，那么他在韦应物身上看到的，就是一个士大夫在为国为民之余，衣上酒痕诗里字的精神生活。

希望有一天可以成为苏州郡守或杭州郡守，此生足矣
——这句话的背后，其实是希望有一天可以成为像韦苏州一样的人。

或许就是在某个仰望与憧憬的瞬间，白居易内心里有什么东西被点燃了。

那一场与自己无关的盛宴，便自此成了他生命中多年不曾忘怀的梦境。

或者说，那是一次美学的启蒙、一种精神的指向，在少年的心胸间，引起了绵长的共鸣和旖旎的震颤。

以至于多年后，白居易自中书舍人外任杭州刺史，任

满后又掌印苏州，除却衣锦还乡、物是人非的感叹，还有一种还愿般的仪式感。

他以苏州刺史的身份，令人在苏州的一块湖石上刻下了韦应物的诗句，就像是曾经在人生许愿池中丢下的第一枚金币，终于发出了回声。

至于苏州，作为白居易少年时期旅居过的地方，数十年过去，时间的河流带走了瓦砾，也带走了金沙。

吴郡还是那片吴郡。

"吴酒一杯春竹叶，吴娃双舞醉芙蓉。"然而昔日少年的两鬓，已经生出了白发。

江南还是那个江南。

他看到熟悉的山与水、花与树、云与月，千言万语，欲说还休，一腔少年温柔凝结在笔端，尽化作多年后的诗句："江南好，风景旧曾谙。"

站在江南的风中，他仿佛又回到了旧时的那场盛宴，"兵卫森画戟，燕寝凝清香……"

但那场盛宴，注定不属于异乡的少年。

满眼云水色，月明楼上人。

旅愁春入越，乡梦夜归秦。

道路通荒服，田园隔虏尘。

悠悠沧海畔，十载避黄巾。

　　　　　——《江楼望归（时避难在越中）》

　　贞元四年（公元 788 年），因父亲在徐州的任期已满，改除大理少卿、衢州别驾，十七岁的白居易又随父搬至衢州，后到越中求学。

　　从苏州，到衢州，从吴地的烟雨，到越中的云水，白居易熟谙江南的每一处风景，却始终视自己为过客。

　　若说江南风物之美，一分在烟雨，一分在云水，一分在楼台，那么七分则在明月。

　　白居易还记得，在很多个夜间，他吹灭了读书的灯盏，窗外万籁俱寂，抬头便是一钩江南的明月，荼蘼色的光辉静静地落在石阶上，如霜如雪，气息清凉，只觉人生迢迢，是那般美丽而寂寞。

扁舟泊云岛，倚棹念乡国。

四望不见人，烟江澹秋色。

客心贫易动，日入愁未息。

　　　　　——《秋江晚泊》

　　有一次，白居易去钱塘江观潮。在扁舟之上，他想起很多年前的秋天，孟浩然漫游吴越，夜宿建德江，也曾写下诗句："移舟泊烟渚，日暮客愁新。野旷天低树，江清月近人。"

而当时的白居易，似乎用一首诗就可以与孟夫子互通心曲。

他有致君尧舜的理想，有"凌晨亲政事，向晚恣游遨"的两全之梦，但能帮助他实现梦想的城市，叫"长安"。

在江南，他与孟夫子一样，只是月光下的流浪者。

孟夫子在钱塘江观潮时，留下诗句："惊涛来似雪，一坐凛生寒。"

白居易也有诗记录观潮所感——

夜半樟亭驿，愁人起望乡。

月明何所见，潮水白茫茫。

——《宿樟亭驿》

悠悠沧海之畔，越中的云水与清风，有着诉不尽的柔情与风流，在独上高楼、望断归路的人眼里，却是黯然失色、意兴阑珊。

因为故园千疮百孔，乡梦无枝可依，茫茫潮水，惊涛拍岸，也不可寄托世间的悲喜，预知王朝的兴亡。

好在，还有少年的志气与梦想，可以像初升的月光一样，清冽、明亮，落满整片大地。

三　此生有梦到东邻

容颜会枯萎，身体会老去，回忆却是珍藏在树洞里的种子，一遇春风，就能长出一片森林。只是，此生有梦到东邻，当年拂过东邻的风，已只能在回忆中追寻。

贞元七年（公元 791 年），因其父从衢州调任襄州任别驾，且各地战事稍息，白居易终于离开了旅居多年的江南，又回到了符离。

这一年，白居易举行了冠礼，从此，人们便可以称呼他为"白乐天"。

这个带着少年气息的名字，也将从符离小城出发，慢慢走向诗坛高处。

白居易很喜欢这个来自《周易》的表字，"与天地相似，故不违；知周乎万物而道济天下，故不过；旁行而不流，乐天知命，故不忧"。

人生在世须尽欢，知命、识命，方能改命、驭命。

但在那样的年代，一个人要想掌握自己的命运，寒窗之苦是必经之路。

在符离，他继续朝着自己的人生目标前进，科举考期已进入倒计时。

所以，相比在江南求学，回到东林草堂后，他读书也愈发刻苦起来，甚至到了废寝忘食的程度："昼课赋，夜课书，间又课诗，不遑寝息矣……"

如此努力，功课自然长进，但身体也受到了损耗。先是口舌生疮，再是手和胳膊都磨出了茧子，然后，眼睛里时不时地出现幻影，仿佛有万千的珠子在晃动。一段时间过去，终是大病了一场。

病后初愈，白居易到濉水边散心。

初春，河水化冻，万物复苏，几个读书人正在河边踏春觅诗。他们便是刘翕习、张仲素、张美退、贾握中和贾沅犀，人称"符离五子"。

白居易与他们相识于微时，友情却贯穿了一生。

而在科举这条路上，白居易也从一个人的孤军奋战，变成了六个人的结伴同行。

很多年后，白居易还会经常在文字里回忆少年时与"符离五子"一起励志读书的时光——

秋天的夜晚，大家一起在灯光下联句写诗、发表策论，逸兴可邀明月。

春雪纷飞时，围炉烫酒，指点文字，谈古论今，不亦乐乎。

符离的黄昏很美。一壶酒，几个人，醉卧累累花树下，拂一身落花归来的黄昏更是浪漫。

陴湖边，白鸥点点，如天上仙童所化，一路飞向濉水。少年们挥动双臂，仿佛也可以随着白鸥御风而去。

清澈的濉水中，绵绵水草在波光下招摇，鲤鱼藏匿其间，脊背隐约可见。偶尔跟钓者讨一尾，炙烤之后，佐酒而食，味道尤为肥美鲜嫩。

若是下雨天，大家就一起留在草堂中，卧听雨声与虫鸣，夜话之后，抵足而眠。

有月亮的时候，一起徐行于濉水石桥上，天地之间，万籁俱寂，提笔而立，感受逝者如斯夫，不舍昼夜……

彼时，六个人同勉学，同励志，一起切磋诗文，游览符离周边的山水名胜。尽管囊中羞涩，学业辛苦，但情义如金，才思如涌，明月清风无须买，大好的年华就铺在脚下，每一天都过得风雅而充实。

可以说，这是白居易生命中一段值得铭记的岁月，是他交谊史中充满乡情与温暖的一页，也是他所向往的精神生活的开篇。

岁月徒催白发貌，泥涂不屈青云心。

…………

且倾斗酒慰羁愁，重话符离问旧游。

——《醉后走笔酬刘五主簿长句之赠兼简张大贾二十四先辈昆季》

白发苍苍时，白居易依然和"符离五子"保持着联络。他还为那段时光写下多首诗篇，以慰昔时的青云之心、旧游之梦。

故里花开花落，时间如江如河，最终，"符离五子"和白居易都走上了登科入仕之路。尽管每个人命运的走向各不相同，但曾经那一份寒窗共读、"与子同袍"的恩义，却可以像符离的山色一般，绵延千里，幽深如故。

战国时，宋玉为了证明自己不好女色，曾在《登徒子好色赋》中描述过一个楚国的美人，也是一位爱慕了他三年的邻女：

"东家之子，增之一分则太长，减之一分则太短，著粉则太白，施朱则太赤。眉如翠羽，肌如白雪，腰如束素，齿如含贝，嫣然一笑，惑阳城，迷下蔡……"

不过，即便是面对这样一个有着倾城魅力，还登墙窥视了他三年的绝代佳人，宋玉也从未心动过。

且不论宋玉笔下的美人是否存在虚构的成分，但"东家之子""邻女"，自此便成为后世文人心中的花光月影、一寸柔肠。

而在符离，白居易还真的遇到了。

她就是湘灵，与传说中的湘水之神同名。

伊人宛在水中央？

伊人在东邻。

白居易记得，第一次迁家至符离时，湘灵不过是一个六七岁的小姑娘。她性格活泼，声音清脆，有时会跟在他的身后，看他读诗文或者写文章，一双晶莹透亮的大眼睛，笑起来好似里面盛满了天上的星辉。

时隔多年，白居易再回到符离，昔日的小姑娘已经长成了体态娉婷的少女，单衫杏子红，双鬟鸦雏色，浅浅一笑，一双秋水明眸里，竟多了几分羞怯的涟漪。

东林草堂中，白居易把湘灵写在诗里，将出身农家的她比作广寒宫里的嫦娥，步步生莲，歌喉婉转。

娉婷十五胜天仙，白日姮娥旱地莲。

何处闲教鹦鹉语，碧纱窗下绣床前。

——《邻女》

隔墙花影下，她唱一支悠扬的符离小曲，也唱邻家少年新写的诗，绣盘上针线翻飞，只见鸳鸯双宿，并蒂莲开。

贞元八年（公元 792 年），白居易与湘灵悄悄相恋了。

而且，他们极有可能已经互许终身——湘灵曾在是年送给白居易一方丝帕和一双亲手制作的鞋子，在那样的年代，完全可以视为定情信物。

如果说，在白居易的成长中，除文字之外，还有什么东西让他的心灵产生过美妙的震颤，甚至发生过质的改变，那么应该就是初恋了。

从某种意义上来说，初恋，其实也等同于一次自我意识的觉醒。

因为对方的出现，让自己经历了爱情，拥有了爱的能力。

仿佛所有古诗中爱情的滋味都与自己联系上了——"寤寐思服""辗转反侧""盈盈一水间，脉脉不得语"……

因为是第一次，那种心灵所产生的悸动以及所有的感受，都是一生中最纤细的、最敏感的、最深刻的、最难以释怀的。

那样的情愫，就像欲开未开的花，带着浪漫的暗香，也带着私密、禁忌、美好和一点一点发散的甜蜜，都只在彼此之间的小世界里浮动。

那么这段感情为何又成了白居易一生的遗憾与伤痛呢？

或许跟门第之见有关。

也或许跟白居易家中发生的两次变故有关。

再回到符离的那一年，白居易最小的弟弟、他母亲陈夫人最疼爱的幼子——幼美病夭了。

幼美自小体弱，陈夫人便唤其"金刚奴"，意思是为佛陀守护法器的小小侍者。但是很遗憾，纵然陈夫人百般呵护，幼美也未能熬过一场风寒。

幼子的离世，给了陈夫人沉重的一击。她数月不语，茶饭不思，甚至性情都发生了一些改变，也就是现代所谓的精神疾病。《阙史》中还说，白母患有"心疾"，曾忧愤发狂，"叫呼往往达于邻里"，曾"以苇刀自刭"……

有一天，白居易试着跟母亲沟通，说自己想娶湘灵为妻时，陈夫人对湘灵的偏见，以及对封建礼法、门第观念的固守，终是合成了一把利剑，足以斩断一世情缘，也足以刺伤两颗真心。

陈夫人认为，白家纵然再寒素，也是世敦儒业，白居易身为官家子弟，日后若能考取进士，更有着大好的前程。

反观湘灵，纵然再玲珑可人，也不过是一个普通的农家姑娘。

他们之间，不般配。

所以，就在白居易与湘灵私订终身后不久，他便在父亲的催促下，前往襄州求学。

> 不得哭，潜别离。
>
> 不得语，暗相思。
>
> 两心之外无人知。
>
> 深笼夜锁独栖鸟，利剑春断连理枝。
>
> 河水虽浊有清日，乌头虽黑有白时。
>
> 唯有潜离与暗别，彼此甘心无后期。
>
> ——《潜别离》

真的是"彼此甘心无后期"吗？

当然不是的。若是真的甘心妥协，他也不会在离开符离后就开始泪流不止，一步三回头。

> 泪眼凌寒冻不流，每经高处即回头。
>
> 遥知别后西楼上，应凭栏干独自愁。
>
> ——《寄湘灵》

那个时候，白居易还是天真地以为，只要自己有一天考取了功名，待时间慢慢抚平母亲内心的伤痕，便有机会迎娶湘灵。

怎料时间可以让寒冰融化成春水，也可以让流水凝结为冰川。白居易的弟弟幼美夭折不久后，父亲又病逝了。

为父亲丁忧三年之后，当白居易小心翼翼提及对湘灵的眷念时，再遭情感重创的母亲竟不惜以死相逼。

即便是那样，白居易依然对他的爱情持有一丝念想，相信"人言人有愿，愿至天必成"。

他的愿望是什么呢?

除了"致君尧舜上，再使风俗淳"，还有"愿作远方兽，步步比肩行。愿作深山木，枝枝连理生"。

也可以说，步入仕途之后，白居易年少时的梦想就已经达成了一半。而与湘灵长相厮守，便成了他生命中最大的心愿。

造化弄人，就在白居易有了在京城安置家眷的能力时，湘灵一家却搬离了符离。

一年又一年，他再也寻她不见，才迫不得已顺从了母亲的意愿另娶。

白居易成亲的时候，已经三十七岁了。在古代，三十七岁，已经是初见白发的年纪了。

"在天愿作比翼鸟，在地愿为连理枝"，终究成了他遥不可及的幻想。

其间，他因写下文学史上最有名的七言歌行《长恨歌》而名扬天下，讽刺的是君王，感慨的却是一段荡气回肠的爱情悲歌。

若不是亲历过那种黯然离别、心如刀割的怅恨，又何来"天长地久有时尽，此恨绵绵无绝期"的喟叹呢？

中庭晒服玩，忽见故乡履。

昔赠我者谁，东邻婵娟子。

因思赠时语，特用结终始。

永愿如履綦，双行复双止。

自吾谪江郡，漂荡三千里。

为感长情人，提携同到此。

今朝一惆怅，反覆看未已。

人只履犹双，何曾得相似。

可嗟复可惜，锦表绣为里。

况经梅雨来，色黯花草死。

—— 《感情》

又是多年后，白居易被贬江州，"漂荡三千里"，依然念念不忘他的"东邻婵娟子"。

南方的梅雨季，潮湿又燠热，空气里到处弥漫着回忆的气息。

睹物思人，更是悲伤不已。

当年在符离，湘灵送给他的鞋子，他一直珍藏着。岁月流逝，鞋面都褪了颜色，但湘灵昔日对他说过的话，还依稀回荡在耳际——"锦履并花纹，绣带同心苣"，那双鞋子，联结的是一段至死不渝的深情。

曾经，他除了才华，身无长物，但为了不弄脏那双鞋子，还专门筹钱买了一匹瘦马前往长安。

而在江州，白居易其实是直面了两个梦的崩塌。

一个是仕途的受挫。

已过不惑的白居易因平时多作讽喻诗而得罪朝中权贵，从长安被发配到江州，成了天涯沦落人，平生志气消磨大半，整日沉溺于诗酒。

一个是爱情的绝望。

如果说，母亲的眼泪，是曾令他无法逾越的大海，那么湘灵的那双鞋，作为一个情感的载体，装着的是他一辈子都不能纾解又不能弥补的遗憾，更是让他用余生所有的歉疚与回忆，去背负的大山。

一日在江州浔阳渡口，阴差阳错，白居易竟与湘灵重逢。

少小离别老年逢，两人不禁抱头痛哭。相逢依依，白居易留湘灵在江州小住，但湘灵执意要回符离。

临行前，湘灵留下一首诗，最后一句是："皖北事由借口归，妾心仍在江州城。"

白居易心痛难当，回道："久别偶相逢，俱疑是梦中。即今欢乐事，放盏又成空。"

不久后，湘灵出了家，与白居易永隔消息，也断了自己在红尘中的退路。

比拥有更残忍的是拥有后又失去。

比离别更痛苦的是什么？

是重逢又永别，是一场空欢喜。

湘灵出家后，白居易那个一直储藏在身体里的爱情的元神，几乎彻底涣散。

他知道，自己与湘灵那"执子之手，与子偕老"的愿望，终成了梦幻泡影，镜花水月。

他知道，自己在沙漠中苦苦等待的那一艘船，终究是不会来了。

所以他再看到湘灵送的鞋子时，才会那样哀伤。

从此之后，对于生活，他依然可以保持达观，但在爱情的世界里，他已是一个彻头彻尾的悲观主义者。

他也终于明白，写下一句"大都好物不坚牢，彩云易散琉璃脆"，自己的心为什么会那么痛。

"中庭晒服玩，忽见故乡履。"值得一提的是，在思念湘灵的诗中，白居易曾把符离称作"故乡"。

或许是因为，符离是白居易一生中友情和爱情出发的地方。

或许也是因为，但凡爱过的地方，皆非他乡吧。

对于友情，他是"岁月徒催白发貌，泥涂不屈青云心"，很多次遇到挫折的时候，他都能够在友情里找到检阅初心、重新出发的勇气。

对于爱情，如果爱情是一种迷信，他宁愿相信天长地久有时尽。

有人说，当你不能够再拥有，你唯一能做的，就是令自己不要忘记。

是的，容颜会枯萎，身体会老去，回忆却是珍藏在树洞里的种子，一遇春风，就能长出一片森林。

只是，此生有梦到东邻，当年拂过东邻的风，已只能在回忆中追寻。

人这一生中，遇见的星辰再多，月亮也只有一个。

初恋之所以刻骨铭心，只因为人生所独具。

在白居易漫长的一生中，他认认真真地和妻子相守，一生不曾纳妾。他也喜欢过很多女人，喜欢她们娇艳的脸庞、美妙的歌喉，但有一点可以确定的是，他对湘灵那样的感情，那种炽热又压抑的少年心事，对爱情的虔诚与肃穆，再也没有出现过第二次。

湘灵从来都不是他的浮花浪蕊、风流佳话，而是他仰望的婵娟、低回的梦；是他坦坦荡荡，从不遮掩，可以寄送情诗，可以写入文章的名字；是那个想一想，心尖就会温柔一颤的人。

晚年的白居易，活得放肆而浪荡，看似是挣脱某种羁绊之后的自我放飞，又似是以肉身的沉堕，换得一霎灵魂的自由，但何尝又不是一种水中捞月式的浪漫主义呢？

那时，他蓄妓、醉酒，神色颓唐，终日醺醺。

他教那些妓人唱符离小曲，一首又一首，仿佛闭上眼睛，就可以踏上回忆的归途，回到二十岁那年读书的间隙，抬头一瞥，就能看到东邻的花树与月亮。

那时，他"身与心俱病，容将力共衰。老来多健忘，唯不忘相思"。

少有人知道，他最喜欢的家妓樊素，恰有着与湘灵一样婉转的歌喉。

四

夜绵绵而未央，候东方之晨光

在山色与阁楼面前，千百年的时间，也不过是换了几次登临的足音。只有璀璨的诗文，才可以与岁月同在，让古人与今人的心意产生联结与共鸣。

贞元十年（公元 794 年）五月，白季庚在襄阳任所猝然病逝，时年六十六岁。

白居易再一次回到了符离。

按照唐代的礼法，白家兄弟这次应该在家乡为父守制三年（实为二十七个月）。

在此期间，他们必须每日身着素服，不参加任何吉礼，自然，也不许婚配，不能应考，不可赴任。

对于当时的白家人而言，白季庚

的过世，不仅给整个家庭带来了深重的悲伤，还让家中失去了最重要的经济来源。

不久后，陈夫人又病倒了。她终日食不下咽，在很多个夜晚，喊着夫君的名字，恨不能与之同去。

家中最窘迫的时候，白居易只能拿着自己的砚台去集市上给母亲换药。

是以，白居易后来在文章中自称"家贫多故"，并非虚言。

所幸的是，日子过得再寒素，只要有书可读，有亲人相伴，有故友来访，精神世界便不至于一片荒凉。

那个时候，富贵不可求，但功名，亦不可忘。

世人常称功名是欲望，然而在身处茫茫黑夜肩负重担的人眼里，欲望又何尝不是光亮呢？

待三年守制期满后，白家长兄幼文首先参加了科举，翌年便可赴任江西饶州浮梁县主簿一职。

白居易则与弟弟行简一起，负责护送家人们到洛阳居住。

洛阳城东，毓材坊内，有一座青瓦老宅，是白居易的曾祖父白温在洛阳附近当官时置下的房产。白居易的祖父在那里成长，他的父亲也在那里出生，如今，又将成为他们的容身之所。

待一切安排妥当，母亲病情稍缓时，已是贞元十四年（公元 798 年）。

又一个春天到来了。

洛水河畔草长莺飞，二十七岁的白居易背着行囊，再次踏上了远行之路。

他先去拜访了在宣州溧水任县令的从叔父，不久后，又去江西鄱阳湖畔的浮梁看望兄长，准备参加这一年秋天举行的县试。

只有在县试中取得"贡生"之名，才能参加来年秋天的州试。

如果州试成绩足够优秀，就能被州长官举荐，获得前往京城长安参加来年春天礼部考试的资格。在长安，朝廷会选出各州考生中的佼佼者，也就是新科进士，再次进行重重选拔，合格者才会授予他们官职。

从此，他们便正式踏上滚滚仕途。

贞元十五年（公元 799 年）春，已顺利取得"贡生"资格，正在等待江南州试的白居易收到家中来信，得知关中大旱，许多百姓困于饥荒，早已无米可食。在兄长的安排下，白居易从浮梁运米至洛阳，以解家人们的断炊之忧。

途中，他留宿山野小店，长夜辗转难眠时，曾写下一篇《伤远行赋》，恨不能生出羽翼，化作归乡白云，一日千里，免受长途跋涉、身心劳损之苦：

> ……茫茫兮二千五百，自鄱阳而归洛阳。朝济乎大江，暮登乎高岗。……无羽翼以轻举，羡归云之飞扬。惟昼夜与寝食之心，曷其弭忘。投山馆以寓宿，夜绵绵而未央。独展转而不寐，候东方之晨光。……

我们通过文字可以看到，在那个战乱与饥荒交替的时代里，白居易未入仕途，就已尝尽生活的颠沛流离。

长夜绵绵，东方晨光虽远，好在终会到来。

而宣城，那座曾让李白想要散发弄扁舟的城池，就是让白居易的命运发生转折的地方。

这一年的秋天，白居易从洛阳出发，一路跋山涉水，终于如期抵达宣城参加州府考试。

当时的考题为一诗一赋，即《窗中列远岫诗》与《射中正鹄赋》，白居易可谓是行云流水，一气呵成。

> 天静秋山好，窗开晓翠通。
>
> 遥怜峰窈窕，不隔竹朦胧。
>
> 万点当虚室，千重叠远空。

列檐攒秀气，缘隙助清风。

碧爱新晴后，明宜反照中。

宣城郡斋在，望与古时同。

——《窗中列远岫诗》

"窗中列远岫"，诗题乃是出自谢朓的名句："结构何迢递，旷望极高深。窗中列远岫，庭际俯乔林。"

谢朓，南朝齐的著名诗人与逸士，曾任宣城太守，人称"谢宣城"，又因与东晋名士谢安同族，世称"小谢"。

"蓬莱文章建安骨，中间小谢又清发"，在负尽狂名的李白眼里，只有谢朓，是让他甘愿一生俯首的人。

"余雪映青山，寒雾开白日。暖暖江村见，离离海树出。披衣就清盥，凭轩方秉笔……"曾经，谢朓在郡城之北的陵阳山修建了一座楼台，取名"高斋"，用以理事起居，临风邀月，对山弹琴。

多年后，小谢故去，他的风流与诗句却永远留在了高斋的一砖一瓦一草一木中。到了唐代，随着李白的到来，高斋又渐渐成为后世文人心中的朝圣之地——太白足迹，小谢风骨，尽在江南四大名楼之一的"谢朓楼"。

白居易到来的时候，正是宣城一年中最好的季节。

他透过高斋的窗户，以及窗户边苍翠朦胧的竹影向远处眺望，只觉清风徐来，绿云自动。而远处，天空新晴，空气一片澄明安宁，幽幽敬亭山色，也果然百看不厌。

那一刻，他突然就明白了为何昔日小谢可以"视事高斋，吟啸自若，而郡亦治"，为何李白独坐敬亭山时，会觉得自己像一片孤云，路过这十万红尘的人间。

原来，定可生慧，静亦可生明。

而在山色与阁楼面前，千百年的时间，也不过是换了几次登临的足音。

只有璀璨的诗文，才可以与岁月同在，让古人与今人的心意产生联结与共鸣。

《射中正鹄赋》则以"诸侯立戒，众士知训"为韵，白居易同样写得文采飞扬：

> 圣人弦木为弧，剡木为矢。惟弧矢之用也，中正鹄而已矣。是谓武之经，礼之纪。故王者务以选诸侯，诸侯用而贡多士。……矢既挟，弓既执。抗大侯，饮决拾。指正则掌内必取，料鹄乃彀中所及。雕弧乍满，当昼而明月弯弯；银镝急飞，不夜而流星熠熠。……则知善射者，在乎合礼合乐，不必乎饮羽；在乎和容和志，不必乎主皮。夫如是，则射之礼，射之义，虽百世而可知。

正鹄，靶心也。白居易认为，自从古代的圣人发明了弓箭，射箭就成了一种武道与艺术，关乎礼仪与法度。所以，王者会用射箭来遴选诸侯，诸侯会用射箭来遴选贡生……但真正的善射者，一定是礼乐仁义的践行者，至于射出的箭有多深，有多准，倒在其次。

如此，也可以从文章中看出，这个时候的白居易，内心所奉行的还是立德正己、礼乐仁义的儒家思想，相比倾世的才华与精湛的技艺，他更重视道德与品行的修养。

但对于当时的宣州刺史，同时也是那场州试的主考官崔衍来说，贡生白居易，无论是才华，还是德行，都让人深为喜爱。

应考诗赋的才情自不必说，崔衍看完白居易的考卷后，曾是那般惊叹不已，当即就决定举荐他去长安。

不过真正让崔衍主动结交白居易的，还是这个年轻人对百姓的仁爱之心，以及看到民间疾苦，宁愿赌上自己的前程，也要诘问州官的勇气。

红线毯，择茧缲丝清水煮，拣丝练线红蓝染。
染为红线红于蓝，织作披香殿上毯。
披香殿广十丈余，红线织成可殿铺。
彩丝茸茸香拂拂，线软花虚不胜物。

美人蹋上歌舞来，罗袜绣鞋随步没。

太原毯涩氍毹硬，蜀都褥薄锦花冷。

不如此毯温且柔，年年十月来宣州。

宣城太守加样织，自谓为臣能竭力。

百夫同担进宫中，线厚丝多卷不得。

宣城太守知不知，一丈毯，千两丝。

地不知寒人要暖，少夺人衣作地衣。

——《红线毯》

红线毯，以江南上好的桑蚕丝线染色织成，铺在殿上，如春云般温柔，美人踏足其上，正好可以隐没雪白的脚踝。

这年秋天，朝廷又派人来宣城收纳贡品红线毯，而白居易栖身的地方，正好可以看到织毯的百姓废寝忘食，终日忙碌。

于是他在诗里大声诘问：宣城太守，你可知道披香殿上一寸毯，需用宣城千两丝？

宣城太守当然知道。

若不然，他便不会一再向朝廷陈奏百姓的苦难，为百姓一再减轻税负；便不会在调任宣城以来，政务一切从简，想方设法充实府库；便不会在百姓收成不好时，用府库抵扣赋税，保百姓安然度过灾年。

但白居易没想到，他居然收到了太守的请柬。

很多很多年后，白居易老了，做了太子少傅，还经常会想起宣城的山水与情义。

自宣城州试之后，他就与崔衍一直保持着书信来往。

崔衍每次有新作的诗歌，都会第一个寄给白居易欣赏。

白居易曾在寄给崔衍的信中附诗曰："忽惊歌雪今朝至，必恐文星昨夜还。再喜宣城章句动，飞觞遥贺敬亭山。"

他永远都忘不了崔衍对他的知遇之恩。

他也永远忘不了贞元十五年（公元799年）秋天的那个凉夜，崔衍邀他在谢朓楼举杯邀月，畅谈心事，从为官之难，到百姓之苦，从小谢的文章，到太白的诗句，俱怀逸兴壮思飞，欲上青天揽明月。

而青天之上，明月低垂，正一点点地隐入远方的敬亭山，准备更替一个清亮的黎明。

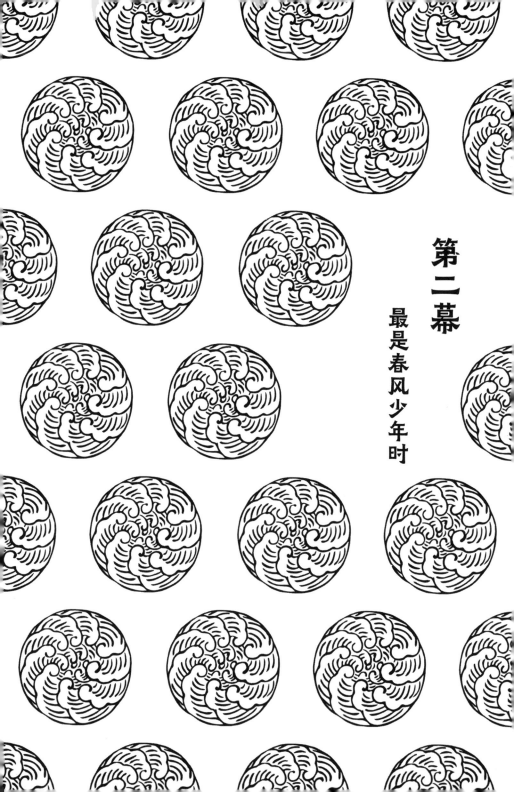

第二幕

最是春风少年时

五　慈恩塔下题名处，十七人中最少年

那样的欢喜与恣意、自信与潇洒，白居易明白，但凡体验过的人，都会记上一辈子。

据笔记小说《唐摭言》记载，白居易第一次去长安时，只有十六岁。

他去长安，不是漫游，不是避乱，不是投亲，而是"行卷"。

按照唐代进士科的考试制度，即便考生一路过关斩将到达京城，接下来也还要面临考场内外的双重考核，才有资格金榜题名。

考场内，考试共有三局，第一局中的晋级者可进入第二局，第二局晋级后再进入第三局。如此，最后从近千人中脱颖而出的，也不过十余人而已。

考场外，考生们则会各自选择一位文坛或政界的大人物进行拜谒，请对方评估自己的作品，以获得引荐或声名。又因唐代科举考试的考卷不糊住姓名，考官在阅卷的时候，就会按照考场内外的两部分成绩来评分和排名。所以，每次礼部考试之前，来自全国各地的考生为了争取更多的场外分，都会将最得意的作品编成卷轴，投献出去。

这便是行卷。

在《唐摭言》里，白居易去拜访的人名叫顾况，是著名的诗人和收藏家，当时正在京城担任著作郎。

顾况还没来得及翻开白居易的文集，首先注意到的就是对方的名字，于是打趣道："长安百物贵，居大不易。"

白居易没有说话，他不卑不亢地立在一边，努力维持着一个少年的冷静与骄傲。

果然过了片刻，他就听见顾况在念他的第一首诗：

> 离离原上草，一岁一枯荣。
> 野火烧不尽，春风吹又生。
> 远芳侵古道，晴翠接荒城。
> 又送王孙去，萋萋满别情。
>
> ——《赋得古原草送别》

念毕，顾况忍不住连声称赞："有句如此，居天下有甚难！老夫前言戏之耳。"

从此，白居易的名字响彻京城。

然而事实上，白居易十六岁时并未去过长安。

彼时，顾况也因为得罪了朝中权贵而被贬饶州，与京城相隔甚远。

如果说白居易真去拜谒过顾况，也只能是他在江南漂泊的时候。那时，两个人才有相识的契机。

笔记小说中的记载可能存在误传，不过，白居易十五六岁就能写出名扬天下的诗句，后来曾找人行卷之事却是千真万确。

他的才华也确实打动了他的伯乐。

君不见，行卷作为科举的产物、干谒的分支，与自荐信、投赠诗一样，不仅可以考查考生的才华、人品和名声，还可以成全许多伯乐和千里马的相遇。

在那样的时代，伯乐与千里马之间的关系，一般都会发展成师生或知己，彼此之间，更多的也是一种明月照大江的清旷与磊落。

对于考生来说，他应感激业界泰斗的提携之力，也会收获一份知音之情，以及自我价值的认同感。

只不过，白居易第一次抵达长安时，已是贞元十五年

（公元 799 年）的冬天。

他前去行卷的人，也不是著作郎顾况，而是给事中陈京。

贞元十六年（公元 800 年）正月，白居易给陈京写了一封干谒的书信："居易，鄙人也。上无朝廷附丽之援，次无乡曲吹嘘之誉，然则孰为而来哉，盖所恃者文章耳……谨献杂文二十首，诗一百首，伏愿俯察悃诚，不遗贱小，退公之暇，赐精鉴之一加焉……"

那个时候，陈京已因精通礼仪得到了皇帝的赏识，飞在了青云之端。

陈京会不会在主考官面前为自己美言几句？

白居易没有十足的把握。

但从小研习诗赋文章，心怀报国之策的白居易依然深信，自己是一只尚未展翅的鸿鹄。

他深信自己需要的，不过是一方飞翔的平台，以及一次引荐的机遇。

是年二月十四日，礼部考试正式开始，主考官是当朝礼部侍郎高郢。

第一场考诗赋。

诗题为"玉水记方流"，以"流"字为韵。文字即心声。读这样的字句，除了灼灼才华，也可以窥见考生的审美与心性。

白居易写道：

> 良璞含章久，寒泉彻底幽。
> 矩浮光滟滟，方折浪悠悠。
> 凌乱波纹异，萦回水性柔。
> 似风摇浅濑，疑月落清流。
> 潜颖应傍达，藏真岂上浮。
> 玉人如不见，沦弃即千秋。

——《玉水记方流》

赋题为"性习相近远"，要求以"君子之所慎焉"为韵，并且是依次为韵。即在紧扣考题的情况下，文章中的结尾句还必须依次出现"君、子、之、所、慎、焉"六个字。

白居易顺利晋级。

第二场考帖经。

进士科考试，不仅要明经学，更要晓大义，考官则会取经义皆通者进入第三场。

第三场考策论。

考生尽可在文章中指点时政，为朝廷的未来出谋划策。

考官考查的，也正是考生在政治上的立场与能力。

对于考试，十余年寒窗苦读，白居易早已成竹在胸。

当三场考试全部结束，掷笔之余，他只觉得全身酣畅淋漓，病也仿佛好了大半。

喧喧车骑帝王州，羁病无心逐胜游。

明月春风三五夜，万人行乐一人愁。

——《长安正月十五日》

因为家境贫寒，来长安备考之后，白居易一直寄身在破旧的草房里。

尽管京城繁华热闹，处处明月春风，他也无心赏玩，而是白日苦读，夜间温习，近乎孤注一掷。

又因一时没有适应长安的气候，很快感染风寒。从上元到寒食，整个春天，他都在生病。

寒食节那天，白居易依旧卧病在床。

窗外下了一场春雨，雨雾迷蒙，如柔软的轻纱，笼罩在长安城上空。

这场雨并未阻止人们出行的脚步。

白居易听到巷子里喧闹一片，原来是踏青而归的人们簪戴着花朵，言笑晏晏，说着青山绿水、桃红梨白、微风细雨里的别样春光。

而他，多像一个被世界遗忘了的人。

风香露重梨花湿，草舍无灯愁未入。

南邻北里歌吹时，独倚柴门月中立。

——《寒食月夜》

是夜，明月高悬，白居易一个人倚靠在柴门边，望着院子里那株古老的梨树出神。春风习习，花光颤袅，门外的歌声悠扬入耳，长安城的一切都美得似梦似幻。

他突然想起自己六七岁时的春天，见有同龄的孩子终日斗草为乐，沉迷博戏，便上前劝导，让他们多读圣贤之书。

那些孩子并不听劝，反而笑他是个书痴。

他愤而争辩："黑发不知勤学早，白首方悔读书迟。斗草博戏，雕虫小技耳！诸君为何不俯首诗书，待十余年后，我们一同打马长安，金榜题名，衣锦还乡，岂不美哉？"

怎料那些孩子笑得更欢了。

他只好摇头叹息。

书痴又如何？他日，他还要为诗入魔！

二十余年过去，昔日的乡邻早已散落天涯，只有他那一腔热血、英雄长梦，依然那么炽烈、那么壮阔。

但长安城总能容纳吧？

他望着天上的月亮想，月光落在雪白的梨花花瓣上，没有发出一点声音。

不久，放榜之日到来，长安城锣鼓喧天，人头攒动，十七人及第，白居易名列第四，是新科进士中最年轻的一个。

按照唐代礼俗，放榜之后，新科进士们要去拜谢座主，参谒宰相，然后还要去参加各种各样的宴集。

白居易知道，关于进士及第，他首先应该感谢的人，就是陈京和高郢。

在写给高郢的信中，他说自己将来定会做一个好官，倾其所有，为国家效力，那便是对座主最好的报答："公之德，之死矢报之。报之义靡他，唯励乃志，远乃猷，俾德日修，道日就，是报于公。匪报于公，是光于躬。匪光于躬，是华于邦。"

曲江盛宴上，为庆祝进士登科，群贤毕至。风和日丽，喜鹊登枝，最宜一觞一咏，畅叙豪情。

白居易自从来到长安之后就极少饮酒，但那一日，他大醉了一场，只觉全身酣畅淋漓，风寒也不药而愈。

再是慈恩题名。

新科进士们获得了将自己的姓名和登第年月列于塔壁之上的殊荣。

白居易挥毫写下：

慈恩塔下题名处，十七人中最少年。

那样的欢喜与恣意、自信与潇洒，白居易明白，但凡体验过的人，都会记上一辈子。

因此，这世间才有那么多的男儿，会穷其一生，甘愿忍受深不见底的苦寒与寂寞，只为换那一刻的春风得意、翩翩马蹄疾吧。

当然，白居易也明白，进士登科，不过是人生中的一个节点。

他在《箴言》中写道："无日擢甲科，名既立而自广自满，尚念山九仞亏于一篑；无日登一第，位其达而自欺自卑，尚念行千里始于足下。"

如若就此志得意满，沉溺其中，万里前程势必功亏一篑。

千里之行，始于足下，前方的路虽然漫长，只要不忘记初衷，就一定还能赶很远很远的路。

六 纷纷花枝下，遇见元微之

诗，不仅可讨贼寇，可谏君王，可感时政，可慰心伤，也可以承载两个人之间比海还要深厚的情义。

贞元十八年（公元 802 年）春，白居易初识元稹。

那一天，三十岁的白居易正在院子里饮酒，身边的花树开得纷纷扬扬，犹如漫天飞雪。

正是长安城一年中最好的季节。

白居易知道，大唐王朝最好的盛世已经过去了，但当春日温软的风，拂过一百多个里坊，吹落满树花瓣的时候，闭目间，依然如同身临一场流动的盛宴。

酒盏酌来须满满，花枝看即落纷纷。

莫言三十是年少，百岁三分已一分。

——《花下自劝酒》

　　白居易饮了一杯又一杯，不知何故，竟在微醺之时，觉得有些怅然。

　　如此浓烈的花事，若能与一知音同享，饮酒赋诗，纵论古今，畅谈心事，自当不输金龟换酒的风流。

　　然而，两年前他进士及第，之后辗转多地，又来到长安准备迎接人生中的第二场大考——吏部量才授官考试，也算结识了许多师友，却从未遇见一个倾盖如故、灵犀互通的人。

　　直到元稹出现。

　　那一天，也成了他记忆里别具意义的一天。

　　元稹，字微之，别字威明，祖籍洛阳，生于长安官宦世家，自幼聪颖过人，少有才名。

　　他本是鲜卑后裔，拓跋氏汉化之后以元为姓，其父元宽生前亦官至比部郎中，安史之乱爆发后，元家的命运也随着大唐由盛转衰。

　　八岁那年，元稹父亲病逝，加之藩镇叛乱，烽火连天，他与母亲只能离开长安去外地投奔亲戚，寄人篱下，衣不蔽体，食不充肠，更上不起学堂。元母只好承担老师的角色，期望元稹可以早日踏上仕途，辅佐君王，重振家业。幸而元稹天资聪慧，又刻苦勤奋，十五岁前往长安参加明经科举便一鸣惊人。

二十三岁时，元稹以河中府幕僚的身份再次来到长安，与白居易参加同一场考试。

唐代中央行政机构为三省六部：中书省负责拟定和发布天子诏令，门下省负责审核诏令，尚书省负责执行诏令；吏部掌管全国官吏的任免、考课、升降、调动等，户部掌管户籍财经等，礼部掌管科举考试及藩属和外国之往来事等，兵部掌管选用武官及兵籍、军械、军令等，刑部掌管全国刑罚政令及审核刑名等，工部掌管营造工程事项等。

所以，新科进士们想要获得官职，还需要参加吏部的考试。

当时吏部有两场考试，一场为"博学宏词科"，另一场为"书判拔萃科"。白居易选择的是"书判拔萃科"。很巧，元稹选择的也是后者。

"书判拔萃科"考试，选拔的标准同样极为严格，吏部将在"身、言、书、判"四个方面对考生进行全方位的考查，从而为大唐王朝选拔出合格的官员。

所谓"身"，即外貌姿态，考查对方的身形是否伟岸，五官是否端正。

所谓"言"，即言辞举止，考查对方的口齿是否伶俐，举止是否优雅。

所谓"书"，即书法风格，当时以能写出优雅的楷体为标准，遒劲优美者为优秀。

所谓"判"，即判牍文案，考官会出题让考生临场发挥，以文理优长者为佳。

在四个方面皆达到标准的考生，吏部还会询问所能，拟定何官，再把考生的资料交给尚书省，由尚书省的掌事转给门下省反复审核。

历经一系列冗长又烦琐的流程与优中选优，最后考上进士还能获得官职的人，已似天边的晨星，寥寥无几。

白居易寄居长安时，就常遇到十年二十年应考不得官职的举子，他们有些人会选择继续苦读，也有些人会在失意中选择用诗酒麻痹自我，消磨余生。

白居易明白，同情显然是廉价的，他对他们，更多的其实是共情。

考场如战场，对于自己，他同样没有首战告捷的把握。

若不然，他又何必对着纷纷扬扬的梨花、稍纵即逝的春光，轻轻地叹息呢？

他只有三十岁，对于科举，他是那么年轻。

他已经三十岁了，对于这一生，即便再漫长，也过了三分之一。

他还有那么多的事情没有去做，还有那么多的诗没有写。

他依然满怀少年之气，却不知道为何，一提笔，便流出了薄薄的沧桑之意。

那一个春日，元稹经一名进士引见，特意来拜访白居易——那个甘愿赔上前程，也要为百姓发声，写下"地不知寒人要暖，少夺人衣作地衣"的人；那个高中进士，在曲江盛宴后挥毫写下"慈恩塔下题名处，十七人中最少年"的人。

而结识元稹的那一天，白居易就深深地相信，他眼前的落魄佳公子，定然可以在吏部的考试中脱颖而出。

当然，两人相视而笑的那一刻，白居易也才知道，什么叫积石如玉、列松如翠，什么是麒麟才子、春风少年。

白居易最喜欢看元稹的侧影。

他发现元稹低眉时，有丝丝的落拓，却依然难掩其骨子里的清贵之气。落魄佳公子，翩翩美少年，俊俏的脸庞仿若有光。

"半面契始终，千金比然诺"，那一天，他们面对面坐着，就像久别重逢的故人一样饮酒畅谈，直至月影初现。

元稹的肤色极白，鼻梁高挺，据理力争时，一双剑眉微蹙，会流露出桀骜不驯的锋芒；而坐在纷纷花枝下，他的眼睛里又似有一泓湖泊，漾动着花影与月光，比美酒还要让人沉醉。

更难得的是，他胸有丘壑，见解别出机杼，谈吐毫无俗言。

元稹告诉白居易，在那些故去的诗人中，他最喜欢的并非李白，而是陈子昂和杜甫。

十五岁明经及第后，元稹在长安偶然得到陈子昂的诗集与杜甫作品数百首，竟然如鸿蒙顿开一般，夜不能寐，时常在凌晨立于窗边，奋笔疾书，仍不可尽释一腔少年幽愤。

陈子昂进士登科后，武则天赐官"麟台正字"，但陈子昂并不想做一个普通的文官，也不愿用自己手中的笔去粉饰太平，他真正想做的，是魏徵那样的谏官，是诸葛亮那样的谋士，是霍去病那样的将军，是一个可以为百姓发声、为社稷献策、为家国保平安的人。

契丹叛乱时，陈子昂以左拾遗的身份随军出征。但在幽州台上，天地悠悠，怆然涕下，陈子昂空有退敌之策、报国之心，却一次又一次地被人践踏成泥，最后甚至冤死狱中。

自始至终，陈子昂都视名利与福祸为尘埃，但他依然在诗中倾泻了一生中最大的怅恨，那就是恨自己生错了时代。

元稹还赞誉杜甫天才绝伦，诗人论其孤高与流丽，还没有能与之比肩的人。

白居易亦认为，唐兴二百年，其间诗人不可胜数，而杜诗贯穿古今，尽工尽善，纵然是"天生我材"的李白也无法比拟。

在那个时代，有人大醉一场，散发归去，有人参禅悟道，避世而居，唯独那个穷困潦倒，一生颠沛的杜甫，和陈子昂一样，满心都装着社稷与苍生。

这就注定了他们无法在个性上浪漫不羁，也无法对天下事充耳不闻，因此只能处处碰壁，格格不入。

就是那样的格格不入，让亲历战乱之苦、希望致君尧舜的白居易和从小漂泊流离、渴望建功立业的元稹感同身受，继而一见如故，惺惺相惜。

诚然，诗，不仅可讨贼寇，可谏君王，可感时政，可慰心伤，也可以承载两个人之间比海还要深厚的情义。

是夜，白居易与元稹约定，日后若能同朝为官，定要以陈子昂与杜甫为楷模，倾尽所能，为民请命，匡时济世，扶正诗道。

　　送走元稹后，白居易站在院子里，仰望着长安城的万古长空、一朝风月，突然就觉得，自己依然是被上天眷顾的人。

　　以至于一年后，他如愿以偿在吏部榜文上看到自己名字的欣慰，也不及彼时那个温柔的春日，在花树下遇见元微之的欢喜。

七 大好河山可养竹

人生如棋局局新，曾经初到长安时，他相信自己是一只尚未展翅的鸿鹄。现在，他依然相信。他在静静地等待，等待一个展露才华的契机。

贞元十九年（公元 803 年）春，白居易与元稹同登"书判拔萃科"，被朝廷授予秘书省校书郎之职。

自秦始皇"焚书坑儒"之后，图书就成了时代的稀缺品。西汉时期，朝廷曾多次下诏，搜寻天下藏书，如在茫茫沧海打捞遗珠，将所得书籍秘藏于宫廷深处。而秘书省，正是管理国家藏书典籍的中央机构。唐代秘书省下设有"著作局"和"太史局"，前者负责图书碑志等，后者掌管天文历法等。因汉代建有藏书石室名为"兰台",后世常以兰台作为"秘书省"的美称。

校书郎在秘书省的"著作局"任职,从事编辑、抄补、校勘和整理图书的职务,官阶为正九品上,工作非常清闲。

但纵观唐代,不少名臣是从校书郎这样的基层职位出发,然后一步一步走向卿相的高位。其中就包括曾经官至礼部尚书的颜真卿,以及后来出任尚书右丞的元稹。

可以说,历经寒窗之苦、考核之难,对于人生中所获得的第一任官职,白居易是相当满意的。

对于前程,毕竟仕途之门已经为他打开,接下来的路,能走多远,一半看天意,一半还要靠自身的修行。

在生活上,京城物价昂贵,但朝廷的俸禄也会稳定地发放,每月大约一万六千钱,已足够他在京城租一套离皇城更近的住房,买一匹代步用的好马,以及雇两名贴合心意的仆人。

租房,白居易选择的是常乐里。

常乐里在长安东市的旁边,离皇城仅隔三条街道,出门即是各种各样的商铺和酒肆,购物、交通都非常便利。如果从繁华的街市背面一路沿着民居进入常乐里坊深处,又别有一番曲径通幽的烟火味道。

当时,前宰相关播私人宅邸的东亭正好在出租,白居易便顺势借居了下来。

而他最喜欢的，就是东亭的那一片竹林。

白居易搬到关宅东亭的时候，看到竹林里长满了野草和杂树，到处是粗蛮的砍伐痕迹，不禁觉得十分痛惜。

他去询问关宅的老仆，才知道那片竹林原本是关相国亲手植下，曾经也是生得苍翠茂密。但相国故去后，住进来的人都没有心思去欣赏和打理它们，任其自生自灭，或被人砍去编织竹筐，或被人割去制作扫帚，或任凭动物在林间留下各种秽物，久而久之，竹林便愈发零落不成模样了。

白居易叹息一声。

为那片竹林的际遇，也为世间贤德君子的命运。

在白居易看来，竹，一如贤者。竹外直中空，不偏不倚，是一种有节操、有美德的植物。君子具备良好的道德修养，砥砺名节，立场坚定，那虚怀若谷、心有远山的气质也正好与竹的品性契合。

所以，以竹为镜，可正身心。

贤者爱竹，自然便会养竹充实庭院，相伴晨夕。一阶明月，半窗竹影，尽得清欢之味。

好在关宅的竹林还没有被自身的遭遇磨灭本性，白居易搬来之后做的第一件事就是打理那片竹林。

他先是清理林中的杂树和野草，将生长过密的地方疏通了一番，然后将那些动物的粪便都埋进地下，最后把竹根的部分都培上土，不到一天的工夫就完成了工作。

不久之后，白居易便收获了满院翠烟幽玉之色。

有雨的时刻，一个人在窗边听雨，满耳珠翠琳琅，一屋子都是清凉。

雨后，清风拂来，竹叶簌簌，依依然，欣欣然，心思也变得敞亮而温柔，又仿佛竹和人之间有了互通的情愫。

有阳光的日子，在竹荫下小憩，可怀人，可慕古，可邀三两好友、赏心知己细数尘梦，可唤来伶俐的小书童去街市沽酒，一壶明月楼的佳酿，足以沉醉春风。待斜阳脉脉人微醺的时候，正好可以泼墨写诗。

帝都名利场，鸡鸣无安居。

独有懒慢者，日高头未梳。

工拙性不同，进退迹遂殊。

幸逢太平代，天子好文儒。

小才难大用，典校在秘书。

三旬两入省，因得养顽疏。

茅屋四五间，一马二仆夫。

俸钱万六千，月给亦有余。

既无衣食牵，亦少人事拘。

遂使少年心，日日常晏如。

勿言无知己，躁静各有徒。

兰台七八人，出处与之俱。

旬时阻谈笑，旦夕望轩车。

谁能雠校闲，解带卧吾庐。

窗前有竹玩，门外有酒沽。

何以待君子，数竿对一壶。

——《常乐里闲居偶题十六韵兼寄刘十五公舆王十一
起吕二炅吕四颖崔十八玄亮元九稹刘三十二敦质张十五仲
元时为校书郎》

很多年后，白居易还会怀念初入仕时，与七八好友进
出兰台的情景，还有那有竹有酒、闲卧东亭的闲适时光，
与君促席、说彼平生的少年温柔。

秘书省位于皇城中部，需要当值的时候，白居易就会
骑着他的马，慢悠悠地从常乐里出发，沿着东市一直向西
行走，进入朱雀门去履行校书郎的职责。

这个春天，白居易几乎走遍了京城的一百余个里坊。

如果站在高大的阙楼上俯瞰下方，就可以看到整个长
安城仿佛被众多的里坊切割成了一张棋盘，其中朱雀大街
是中轴线，承接天街，直抵北部雄伟的太极宫。

彼时，天街绿树如烟，长安城上空经常飘游着大朵大

朵的白云，蓬松而柔软。上下班沿途的风里，槐花的香气，年年岁岁，清甜怡人。

那种洁白素雅的花朵，总会让白居易的思绪飘得很远。

人生如棋局局新，初到长安时，他相信自己是一只尚未展翅的鸿鹄。现在，他依然相信。

他在静静地等待，等待一个展露才华的契机。

是的，这份工作他做得得心应手，与同事们相处得也非常融洽。

如果非要说还有什么遗憾的话，他或许会觉得日子太过清闲，担心在自由散漫的氛围里，青春蹉跎，时不我与。

大好河山好养竹，大好河山更宜建功立业，修身正己。

是年冬，白居易去拜访了在许昌任县令的叔父。

当时，白季轸办公的厅堂正好修葺一新。坐在新厅内，叔侄俩谈及为官之道，不禁心有戚戚。

白季轸是个清廉的好官，一直深受百姓称道。他告诉侄儿，身为大唐的官员，必须清白、简直、强毅——

自身清白，不贪恋财物，你的下属自然不敢侵犯平民。

工作简朴质直、直截了当，狱讼就不会滞留在公堂上。

立事强毅，你才能保护一城的百姓，不受军镇强权的欺压。

白居易一一铭记于心。

在《许昌县令新厅壁记》中，他写道：

> 吾家世以清简垂为贻燕之训，叔父奉而行之，不敢失坠；小子举而书之，亦无愧辞。

这句话，白居易算是一字不漏地做到了。

步入仕途后，他一直秉承家训，清廉正直，疾恶如仇，一生都没有辱没白氏一族的门风，也没有愧对他的家族基因。

如此便不难想象，白居易为何在搬家之后，将所写的《养竹记》题在东亭的墙壁上，为何要将竹比作世间的贤者——看似是代竹倾诉心声，希望日后的租客好好爱惜那片竹林；实则抒写的，还是自己渴望被朝廷赏识，尽快更换"闲职"的心意，以及甘愿固守清简、见贤思齐的志气。

八 风浪迭起，与君比邻而居

在那场流星坠地般的革新运动中，他们摩拳擦掌，蓄势待发，仿佛看到了一个值得倾己所有、为之奋斗的契机。盛世的光亮就在前方，有贤明的君主，有安乐的百姓，怎料最后却是一场海市蜃楼般的幻象。

贞元二十年（公元 804 年）春，白居易从长安回到洛阳后，不久便带着母亲和弟弟迁居陕西下邽县义津乡金氏村。

关于白居易的再次举家迁居，原因其实很明显，白居易虽已获得了官职，但长安物价极高，一房难求，他还没有能力确保家人们在京城衣食无忧。金氏村南临渭水，东望华山，离长安不过百里之遥，乘船一天即可往返，他平日在京为官，家中有事也方便照应，可以说是两全之法。

此外，白居易的母亲身体一直欠佳，而白家先祖的墓地就在下邽县。白居易的祖籍为山西太原，但实际上，白居易曾祖父那一支已在很多年前迁徙至下邽安家，到了白居易出生的时候，白家在渭水边的子孙已历经了三代。

…………

川有渭兮山有华，澹悠悠其可赏。

目白云兮漱清流，其或偃而或仰。

门去渭兮百步，常一日而三往。

夜分兮扣舷，天无云兮水无烟。

迟迟兮明月，波澹滟兮棹兮缘。

日暮兮舟泊，草萋萋兮沙漠漠。

习习兮春风，岸柳动兮渚花落。

发浩歌以长引，举浊醪而缓酌。

…………

——《泛渭赋并序》

这一年的春天，在金氏村，白居易经常会随身带一壶酒，泛舟渭水，一日而三往。

他喜欢华山的白云、渭河的清波，或偃或仰，悠然可赏。

有时，一个人，一叶舟，去村南看桃花，在寂静明艳的花树下写诗，想起远方的故人，会觉得情思涌动："村南无限桃花发，唯我多情独自来。日暮风吹红满地，无人解惜为谁开。"

日暮时，簪一朵花在耳畔，泊舟沙洲，在习习春风中歇息，看身边芳草萋萋、杨柳轻柔、渚花飘落，一颗心也沉静下来，如水中的卵石，安然、敦厚，纹理清晰可见。

夜间，棹舟水上，碧波无烟，云天辽阔，侧耳聆听四野，只觉虫鸣吱吱，宛若异域小曲。是时，月光泼洒在河面上，轻轻扣舷而歌，他仿佛就能成为多年前那个邀月共饮的人。

就这般，在工作之余，白居易偶尔从长安回到金氏村小住。

在很长一段时间里，他都把金氏村看作是自己精神的桃花源。

那里没有追名逐利，更不似朝堂之上，人心叵测。

在金氏村，日子就像渭水的碧波一般，闪烁着细微的光芒，静静流向远方。

而长安的皇城内，却是风浪迭起，到处布满政治旋涡，一不小心，就有被杀身的危险。

贞元二十一年（公元 805 年）正月，唐德宗驾崩，太子李诵即位，是为顺宗。然而就在同年八月，皇权再次发生了更迭。

据当时宫廷的说法，顺宗是因为久病之躯无力国事，不得不匆匆禅位给长子李纯。但史家一直有猜测，关于顺宗的内禅，并非只是生病那么简单，而是一场有预谋、有组织的宫廷政变。

顺宗是奉遗诏即位的——他终于结束了自己长达二十余年的太子身份，成为大唐的皇帝。

世人评价顺宗是"慈孝宽大，仁而善断"，的确，身居东宫时，他曾亲历过藩镇叛乱，感受过江山飘摇，也深知帝国内部的顽疾来自哪里，一切就像史书上记载的那样："自元和之末，宦官益横，建置天子，在其掌握，威权出人主之右，人莫敢言。"他还曾多次向德宗进谏，希望父亲不要听信谗言，贬黜贤良的官员，希望皇家可以收回宦官的权力，禁止宦官掌握神策军的兵权，并严惩其中的贪污受贿之辈。

因此，对于那场大刀阔斧、势在必行的改革，他已经等待了太久，也准备了太久。

如是，历史上便有了"永贞革新"。顺宗一即位，就任命曾经的东宫侍读王叔文为翰林学士、王伾为翰林待诏，紧锣密鼓地进行他的改革措施——惩贪鄙，用贤能，免苛征，恤百姓；抑制宦官势力，夺回国家军权；抑制藩镇势力，重新构建中央集权。

然而遗憾的是，顺宗低估了宦官们盘根错节的势力，也高估了身边人的才能，更无法颠覆时运。他心心念念的革新，实施了一百多天，终究成了撼大树之蚍蜉，仅仅昙花一现，就很快颓败了。

先是顺宗中风，半身不遂，失去了用言语理政的能力，再是宦官联合藩镇，密令诸将拒将军权授人，接着又伪造制书打击革新党人，最后联合守旧派官僚改立新君。

新君在大明宫宣政殿即位，是为宪宗，翌年改元元和。

之前的君王顺宗被逼"退位"后，居住于兴庆宫，留下一个"永贞"的年号，自称太上皇。眼见自己酝酿了二十余年的改革弊政之志全部付诸东流，退位的第二年，顺宗便郁郁而去了。

而经此一役，宦官的权势与气焰都愈发炽烈，他们最终也将一点点蛀空王朝的大厦，贪赃枉法，逼宫弑帝，让百姓一次次身处水深火热之中。

至于那些曾经受命于顺宗，参与革新的官员，自然都遭到了贬逐和谋害，故此"永贞革新"又称"二王八司马事件"。王叔文被流放渝州后赐死，王伾被流放开州后病故，另外八名参与革新的官员则被贬到各地任司马，其中就包括顺宗一登基就破格提拔的宰相韦执谊、监察御史刘禹锡和监察御史里行柳宗元，他们一个被贬崖州，一个被贬朗州，另一个被贬永州。

元和元年（公元 806 年）的早春，因兰台任期将满，按照唐代的制度，接下来，白居易和元稹又要以"前资官"的身份备考制举。

制举即皇帝亲自下诏并主持的考试，为选拔"非常之才"而设，中第者可迅速获得较高的官职。

如此，白居易也再次搬家，从常乐里的关宅迁徙至永崇里的华阳观。

当时的元稹结婚已有两年，他的妻子是京兆尹韦夏卿的爱女韦丛。婚后因岳父授洛阳留守，他便携妻子一起搬到洛阳居住，其间经常往返京洛之间。

在京城，元稹则住在华阳观对面的靖安里，与白居易相距不远。

华阳观是华阳公主的故宅和清修之地，环境极为雅致清幽，远离轩车的喧嚣，观中古树参天，四时有花，到了夏日，更是暑气全消，满心清凉。白居易正好可以安心备考，撰写策文。

他曾在诗中这样记录：

季夏中气候，烦暑自此收。

萧飒风雨天，蝉声暮啾啾。

永崇里巷静，华阳观院幽。

轩车不到处，满地槐花秋。

…………

——《永崇里观居》

　　早春时，白居易喜欢与朋友们一起并马而行，缓缓走过长安的街道，头顶的榆树结满了榆钱，令人觉得尘世可爱；路边柳叶如眉，又让人想起远方的故人。

　　在华阳观对面，靖安里客舍的簌簌花枝下，因为囊中羞涩，白居易与朋友们无金龟可换酒，便干脆共脱了青衫，去典当一壶浊醪，倒也不负浓浓春意。

　　"四海无闲田，农夫犹饿死""谁知盘中餐，粒粒皆辛苦"——大约就是在这个时候，白居易认识了因《悯农》诗名噪长安的李绅。李绅是浙江湖州人，曾做过韦夏卿的学生，也是元稹新结交的好友，当时正住在靖安里准备进士科的考试。

　　华阳观的桃花开时，白居易邀来元稹同醉："华阳观里仙桃发，把酒看花心自知。争忍开时不同醉，明朝后日即空枝。"

　　手中的笔又写秃了，白居易便与元稹一起去赏月，月光下，道观犹如曼妙仙境。

夜深时，两个人坐在石阶上喝酒，一起约定，在接下来的制举考试中，将指病危言，不顾成败，意在决求高等。

经常，白居易会想起湘灵，也会一杯一杯地饮酒，或念一句为自己写的"舍偈"："众苦既济，大悲亦舍。苦既非真，悲亦是假。是故众生，实无度者。"

在京城的那些年，白居易见过许多的漠视与嘲讽，都不曾让他心灰意冷，但爱情是他的软肋，"门第之见"也时常让他感到深深的无力。

一次，坐在石阶上，花瓣纷纷飘落，白居易对着月色喃喃而语："人说修己以清心为要，涉世以慎言为先，可是两点我都做不到。"

元稹笑回："乐天勿忧，你且看看，道观里的仙人无趣不无趣。"

白居易也笑起来，看着身边人，再唤一壶酒，只觉内心块垒释然大半。

人生在世，不如意事十之八九，如意之事幸有微之可当一二。

白居易在华阳观闭户累月，终成《策林》七十五篇，从为君为圣之道，到施政化民之略；从求贤选能之方，到整肃吏治之法；从省刑慎罚之术，到治军御兵之要；从矜民恤情之核，到礼乐文教之功……可谓鞭辟入里，面面俱到。

如今，《策林》依然流传在世，我们可以从中感受到他忧国忧民的使命感、以仁为核心的儒家思想和治国理念，也可以看出他理性客观的一面和杰出的政治才能。

不过，当时白居易避居华阳观一举，在许多人眼中，又像是为了躲避"永贞革新"的政治风暴——常乐里离政治中心兴庆宫很近，但实际上，对于那场风暴，白居易自始至终都不曾置身事外。

白居易之所以可以幸免于难，或许原因有点心酸，那就是因为当时他官阶太低，尚不足以成为革新派的核心成员。

他甚至在顺宗即位仅十天后就主动上书，毛遂自荐，也没能让宰相韦执谊高看一眼。

那封让元稹转交的数千言的长信，更是犹如石沉大海，毫无波澜。

在《为人上宰相书》中，白居易一针见血地指出时弊，并希望新宰相抓住时机，一改前朝因循苟且的风气，广开言路，多接纳清正廉明的官员，改弦更张，以霹雳手段匡救天下：

……秉钧轴之枢，握刀尺之要，划邪为正，削觚为圆，能使善之必迁，不谓善之尽有；能使恶之必改，不谓恶之尽无。

由此可见，白居易的政治立场非常鲜明，他是一个满怀报国之志的革新主义者。

闲居长安时，白居易就已经与刘禹锡、柳宗元有过交往——刘、柳正是元稹岳父的门生。

在宰相韦执谊被贬崖州，无亲友相送时，白居易又写诗为韦执谊送行，并感其遭遇，字句间无限唏嘘："昨日延英对，今日崖州去。由来君臣间，宠辱在朝暮。"

而令白居易感到欣慰的是，纵然局势波诡云谲，在偌大的长安城里，幸好还有一处栖身之地，可以让他安心地准备治国安邦之策；还有一个同心同德、同志同趣的人，可以一直站在自己身边。

顺宗驾崩后的第十天，宪宗改元，并御驾丹凤楼大赦天下——"永贞革新"被贬官员除外。

依然千官同贺，是为长安盛事。

那一天，白居易和元稹都没有去。

白居易在华阳观里准备《策林》，句句都是逆耳忠言：

盖百姓之殃，不在乎鬼神，百姓之福，不在乎天地，在乎君之躁静奢俭而已。是以圣王之修身化下也，宫室有制，服食有度，声色有节，畋游有时，不徇己情，不穷己欲，不殚人力，不耗人财。夫然，故诚发乎心，德形乎身，政加乎人，化达乎天下。以此禁吏，则贪欲之吏不得不廉矣；以此牧人，则贫困之人不得不安矣。困之由，安之术，以臣所见，其在兹乎！

　　元稹在曲江与人同游："春来饶梦慵朝起，不看千官拥御楼。"

　　元稹还为先皇写下挽歌："暝色依陵早，秋声入辂新。自嗟同草木，不识永贞春。"

　　元稹为顺宗叹息，也为自己遗憾。

　　因为元稹和白居易一样，心里同情民生疾苦，也渴慕大唐盛世。

　　在那场流星坠地般的革新运动中，他们摩拳擦掌，蓄势待发，仿佛看到了一个值得倾己所有、为之奋斗的契机。盛世的光亮就在前方，有贤明的君主，有安乐的百姓，怎料最后却是一场海市蜃楼般的幻象。

　　彼时，帝国的日色正在慢慢偏西。

华阳观的桃花开得正盛，槐树也在春风中不断抽出新枝。树下有白头的宫女喋喋诉说着那个云想衣裳花想容的时代，就像对着镜子轻嗅美丽的落花，就像黄昏拾取早晨的香气。

不久后，当槐花的香气溢满京城的每一个里坊，五湖四海的举子便会披星戴月，会集京城。

在观中备考的两位年轻人，则会继续进阶，在最高级别的考试中求取一个更好的平台，为大唐的将来出谋划策。

只是桃花开了槐花开，长安的草木岁岁枯荣，但永贞的春天，却再也不会到来了。

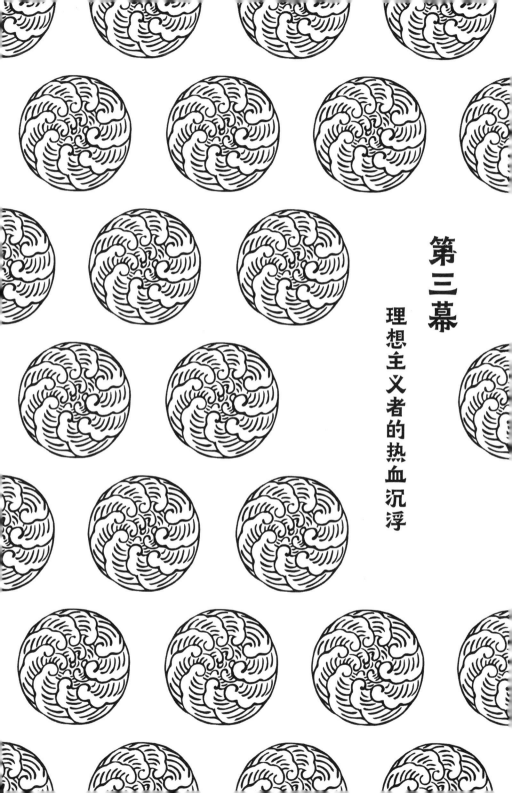

第三幕

理想主义者的热血沉浮

九 心忧百姓，心念一人

他们的感情，就是他们为彼此的生命赋予的某种力量，可以将他们的内心托住，从而永不坠落。

元和元年（公元 806 年）四月，在制举考试中，白居易不惧杀身之祸，以《策林》七十五篇，为国家社稷出谋划策，与元稹等十八人同登"才识兼茂明于体用科"。

一场考试，再次转动了他们命运的罗盘。

元稹获得第一名，授左拾遗——"言国家遗事，拾而论之，故以名官"，官阶为从八品上，是皇帝钦点的谏官，他将就此留在长安，到门下省赴任，成为天子近臣，并享有直接参与早朝以及在街上可直面御史等特殊待遇。

左拾遗也是一个陈子昂与杜甫都担任过的官职，杜甫一生都以此为荣。

白居易则实现了人生中的"三登科第"。

只是，白居易本以为可以再次与元稹一起同署为官，却因策文用语太过激烈直切，被朝廷改授鳌屋县尉，官阶为正九品下。这就意味着，白居易要离开帝国的中心，与好友分别，然后独自踏上另一段未知的旅程。

自我从宦游，七年在长安。

所得惟元君，乃知定交难。

岂无山上苗，径寸无岁寒。

岂无要津水，咫尺有波澜。

之子异于是，久处誓不谖。

无波古井水，有节秋竹竿。

一为同心友，三及芳岁阑。

花下鞍马游，雪中杯酒欢。

衡门相逢迎，不具带与冠。

春风日高睡，秋月夜深看。

不为同登科，不为同署官。

所合在方寸，心源无异端。

——《赠元稹》

临行时，白居易写了这首诗送给元稹，怀念彼此曾经在长安的诗酒岁月——

我来长安已经七年了，为了求取功名，尝尽人情冷暖。

如果有人问我，这七年，你获得了什么？我想，应该是获得了元君这样一个知己吧！这世上，交到一个知心好友是如此之难。

这些年，我曾与人同利为朋，但终究经不起风雨的考验。

我也曾结交过身居要职的大人物，看似近在咫尺，实则变幻难测，阴晴不定。

微之，只有你与其他人不一样。我们之间的誓言，从未因时间的流逝而改变。

你的个性就像古井之水，平和、清澈、波澜不惊。你的节操一如秋天的竹，坚韧、孤直、高洁。

我们结为同心好友，如今已有三年。这三年是我生命中的一段芳香岁月。

我们曾一起骑马游玩，看尽长安花，也曾一起在雪中同饮美酒，一醉方休。

你来看我，我去门口接你，不必顾忌任何繁文缛节。

我们可以在春风中睡到日上三竿，也可以一起在秋夜共赏明月，直到更深夜阑。

我们之间情义深厚，不是因为一起登科，也不是因为在同一个部门当官。

是因为我们有着志趣相同的灵魂，以及彼此契合的心意。

如《赠元稹》诗中所写，在长安，若论风流，校书郎"元白"应不输太白。

放浪形骸似不是好词，但衣冠楚楚，一层一层，难免把人心也裹得密不透风，这个词用在两个好朋友之间，只会让彼此的心灵更加贴近。

"花下鞍马游，雪中杯酒欢"，白居易与元稹，不仅心源无异端，有着太多相似的人生经历，而且志趣爱好也几乎一样。

他们都出身官宦世家，家道因战乱而中落，身负振兴家族的使命，从小心怀凌云之志，并有着同样的政治主张："以天下心为心，以百姓欲为欲。"

他们都曾尝尽人情之冷暖、漂泊之彷徨、苦读之孤独。

他们都癖花、癖酒、癖美人、癖赏心知己、癖才子章句。

与知己买花载酒赏美人，一起唱酬章句，人生如此，夫复何求？

山曲曰盩，水曲曰厔，"盩厔"因山水盘曲而得名，属京兆府所辖之县。终南山下，风月无涯，渭水烟波荡漾，沃野延绵不绝，早在隋朝时，风景秀美的盩厔就是皇帝的行宫所在。

　　盩厔到长安，在地理上，其实不过一百三十余里的距离。

　　如果用时间来丈量，他们可以一起仰望秦岭山脉的星空，可以一起吹拂来自渭河的清风。在盩厔的晨光里折下的花枝，通过驿站的传递，对方在长安的午后即可收到，依然娇艳清香。

　　在心理上，情义的那根线，生死都不能一刀两断，更何况一百三十余里的距离？

　　风吹历史，云舒云卷，彼时，白居易还不知道，因为他的到来，盩厔将成为《长恨歌》的诞生之地，从此名扬海外。

　　但在那个卉木萋萋的春日，长安牡丹花开得姹紫嫣红，他站在城外回首客居皇城的时光，万千往事也如离枝的花瓣，簌簌扑面而来。

　　盩厔的草木山川再好，落在他的眼里，也是黯淡无光，什么良辰美景、赏心乐事，也都失去了颜色。

　　为何呢？古人早已道破他的心事——黯然销魂者，惟别而已矣。

不久后，白居易正式到盩厔上任。

按照《唐六典》里的说法，县尉相当于副县令，平日职责为"亲理庶务，分判众曹，割断追催，收率课调"，工作很是烦琐。

当年王勃的好朋友要去蜀州任少府（县尉），王勃去送行，不禁眼泪汪汪："无为在歧路，儿女共沾巾。"在高适笔下，县尉"拜迎长官心欲碎，鞭挞黎庶令人悲"。杜甫也坚决不做河西县尉，"不作河西尉，凄凉为折腰"，只因"老夫怕趋走"。

也难怪白居易会忍不住在诗中跟长安的友人们倾诉，说自己做了一个"风尘走吏"。

　　夏闰秋候早，七月风骚骚。

　　渭川烟景晚，骊山宫殿高。

　　丹殿子司谏，赤县我徒劳。

　　相去半日程，不得同游遨。

　　到官来十日，览镜生二毛。

　　可怜趋走吏，尘土满青袍。

　　邮传拥两驿，簿书堆六曹。

　　为问纲纪掾，何必使铅刀。

　　　　——《权摄昭应早秋书事寄元拾遗兼呈李司录》

白居易赴任时，正逢朝廷征讨西川刘辟。刘辟原是剑南道节度使韦皋的部下，韦皋死后，其拥兵叛乱，公然向朝廷索要三川之地，并攻陷梓州，生擒东川节度使。

经过长达半年的讨伐，叛军已节节败退，战争也进入了关键时期。而当时所有军需都要经过盩厔，新上任的白居易便成了协运军需的负责人，每日在烈日下奔走，劳心劳力，十日之间，竟陡然仿佛苍老了十岁。

除此之外，身为县尉，白居易还有一个职责就是缉捕盗贼、征收捐税。

但这份工作带给他的，不仅有身体上的劳累，更有精神上的愧痛与折磨。

忧国忧民，从来就不应是一句空谈。

民生疾苦，每一个字的背后都是眼泪和伤痛。

田家少闲月，五月人倍忙。
夜来南风起，小麦覆陇黄。
妇姑荷箪食，童稚携壶浆。
相随饷田去，丁壮在南冈。
足蒸暑土气，背灼炎天光。
力尽不知热，但惜夏日长。

复有贫妇人，抱子在其旁。

右手秉遗穗，左臂悬敝筐。

听其相顾言，闻者为悲伤。

家田输税尽，拾此充饥肠。

今我何功德，曾不事农桑。

吏禄三百石，岁晏有余粮。

念此私自愧，尽日不能忘。

——《观刈麦》

五月，阳光热烈，小麦成熟，南风拂过盩厔的田间，满眼都是涌动的金色麦浪。

透过美丽的田间风光，白居易看到的却是另外一番景象。

有与时间赛跑的割麦人，趁着夏日天光漫长，忙着抢收小麦。他们舍不得花时间回家吃饭和歇息，因为压在他们身上的，还有沉甸甸的佃租和赋税。白居易不知道，他们忙碌一季之后，还能为家中存多少余粮。

也有抱着孩子，拎着破烂的竹筐，在田边捡拾麦穗的妇人。白居易问她为何沦落至此，她说为了缴税，家中的田地已经全部变卖，为了生活，不得不拾麦充饥。

白居易被深深地刺痛了。

身为县尉，他何尝不明白，如果百姓不按时缴纳税赋，就会被捕入狱，遭受狱卒的鞭挞。

他每天都会审理许多这样的案件，而对方，不过是一些食不果腹、手无寸铁、常年欠税的农夫。

很长一段时间，拾麦妇人悲凉的眼神，其稚子的哭声，都经常在他的脑海中浮现。

他甚至无法坦然面对自己的一日三餐，俸禄三百石。

夏夜，他登阁避暑，开襟当轩，坐拥清风明月，想起那些在灾荒中受苦的百姓，内心无法安宁："回看归路傍，禾黍尽枯焦。独善诚有计，将何救旱苗？"

他想着自己上不能辅君王，下不能安黎庶，又何德何能，不事农桑便能衣食无忧？

但他不是皇帝身边的近臣，只是一名京畿的小吏。

他便只能把自己的愧恨与无奈都写在诗中，供百姓口耳相传。他希望，自己的诗歌可以被皇帝听到，让皇帝体恤一下鳌屋百姓，减免相应的赋税。

"惟歌生民病，愿得天子知。"要知道，麦田间的农人，不过是万千百姓的一个缩影。

而尘世间的苦，千疮百孔，循环往复，没有尽头。

> 放鹤在深水，置鱼在高枝。
> 升沉或异势，同谓非所宜。
> 君为邑中吏，皎皎鸾凤姿。

顾我何为者，翻侍白玉墀。

昔作芸香侣，三载不暂离。

逮兹忽相失，旦夕梦魂思。

崔嵬骊山顶，宫树遥参差。

只得两相望，不得长相随。

多君岁寒意，裁作秋兴诗。

上言风尘苦，下言时节移。

官家事拘束，安得携手期。

愿为云与雨，会合天之垂。

——元稹《酬乐天》

对于朝廷的安排，元稹其实也是很替好友感到委屈的，他认为县尉这样的官职，实在配不上麒麟才子白居易。

元稹在《酬乐天》诗中说：

你此一去，就像仙鹤被沉入深水之中，游鱼被挂在高树之上。

无论仕途还是形势，都是不合适的。

在我眼里，你素心皎皎似明月，姿容俊美如鸾凤，如今，竟被调去做一个京畿县尉。

反观我这样的平庸之人，却继续留在朝堂上，成为皇帝的近臣，真是令人难过啊。

我们是最要好的伙伴，曾经一起在秘书省任职，每天与书打交道，三年没有分离。

此番你忽然离开长安，我怅然若失，对你朝夕想念，与你魂梦相依。

遥望巍峨的骊山，山顶参差错落的宫树隔断了我的目光。

可叹我们只能这般两两相望，不能陪伴在彼此身旁。

你的深情厚谊凝聚在笔端，便写出《秋兴》一般的诗来。

你写身为风尘小吏的苦楚，写时节的变换，也写与时节变换一样令人无能为力的事情。

作为京畿官员，难免事事拘束，不知道哪天，我们才能重续往昔携手的时光。

只能祈愿，我们化作云与雨，会合于天边，你中有我，我中有你，日日可相见。

然而就在当年九月，元稹因进言太锐，得罪了宰相杜佑，被贬河南县尉。在贬途中，又因母丧返回长安丁忧。

之前，元稹的岳父已在同年正月过世。仕途上的打击加上至亲相继离世，家境愈发贫寒，元稹不免心中郁结丛生，大病了一场。

白居易得知元稹境遇后，立即给好友送去自己的积蓄，助他渡过难关。

白居易还给元稹的母亲写了墓志铭，想着日后若有机会，一定请求外调河南。

如果最懂自己的那个人，那个让自己愿意为之以命相酬的人不在长安，即便自己回到长安，得高官厚禄，又有什么意思？

"愿为云与雨，会合天之垂。"那是元稹的心愿，也是白居易"忧国忧民"之外的另一个念想。

《唐才子传》里说，"微之与白乐天最密，虽骨肉未至，爱慕之情，可欺金石，千里神交，若合符契，唱和之多，毋逾二公者"。

真令人动容。

金石可镂，知己难求，乱世之中犹如是。

他们的感情，就是他们为彼此的生命赋予的某种力量，可以将他们的内心托住，从而永不坠落。

而且无论相隔多远，身处何方，"元白"之间的情谊，自始至终都没有变过。

十 仙游寺,长恨歌

在勾栏之中,会弹唱《长恨歌》,便可以让任何一名歌姬自抬身价:"我诵得白学士《长恨歌》,岂同他妓哉?"

早在长安时,白居易就曾听闻盩厔城南十七里外的终南山中,有一古刹名曰"仙游"。古刹在白云生处、黑水潭前,相传是秦穆公之女弄玉与其夫婿萧史的化羽成仙之地。

与世间众多的文人墨客一样,白居易也有探幽访胜、心向山水的雅好。于是,到盩厔上任后,一得空闲,他便携了小书童慕名而去。

当时正是暑气蒸腾的夏日,秦岭山脉却是绿荫千里,凉风习习。走在山间小路上,身边野花簇簇,清香袭人，头顶鸟鸣啾啾，清脆婉转，白居易心中积压的烦忧渐渐散尽，脚步也变得轻盈。

那一次出游，白居易并未觅得仙踪，但他却收获了一份意外的欢喜——在半路上的"蔷薇涧"小憩时，他遇见了王质夫。

王质夫，在家族中排行十八，山东琅邪人，无冠布衣，云水散客，在终南借山而居，晴耕雨读，犹如桃源中人。

白居易与王质夫一见如故，遂结为挚友。

很多年后，白居易还记得当时的情景：满山谷的蔷薇开得雾涌云蒸，王质夫穿着月白色的衫子，站在自己面前，星眸皓齿，微微颔首，一如闲云孤鹤，超尘脱俗。

> 曾于太白峰前住，数到仙游寺里来。
> 黑水澄时潭底出，白云破处洞门开。
> 林间暖酒烧红叶，石上题诗扫绿苔。
> 惆怅旧游无复到，菊花时节羡君回。
> ——《送王十八归山寄题仙游寺》

不久后，经王质夫引见，白居易又结识了王质夫的好友陈鸿。

陈鸿是贞元年间的进士，精通文墨，性情豁达，时年正在京畿等待授官。后来，他成为颇有名气的小说家。

此后，但凡可以从繁忙的公务中抽身，白居易都会约上两位新朋友一起游山访寺，或石上题诗，或林间暖酒，或泉边煎茶，充分利用每一寸闲暇的时光，也算是没有辜负终南山的悠悠白云、水流花开。

> 濯足云水客，折腰簪笏身。
> 喧闲迹相背，十里别经旬。
> 忽因乘逸兴，莫惜访嚣尘。
> 窗前故栽竹，与君为主人。
>
> ——《招王质夫》

在白居易心里，王质夫就是一个离群索居、志在云水的妙人。

所以，为了招待好友，感念对方从山中来到尘世看望自己的情意，白居易在盩厔的官舍前修篱栽竹，打造一片小小的寂静之地，希望对方下次到来时，可以闹中取静，心生清凉。

他甚至能想象数年后，舍前万竿修竹的样子：在纸窗前，枝枝叶叶把阳光和月影都揉碎，晚风穿过竹林，一如古老的乐器，声音轻轻渗入石阶。

王质夫便托人送给白居易涧中的花木——三株松树、两丛蔷薇，还有一封短信，笔墨间有明月山风，也有婉转情意。

有时，王质夫还会乘着逸兴忽然造访，小酌一杯，三两话语之后即飘然而去，就像"雪夜访戴"的王子猷一样，十足的风雅与潇洒。

而纵观白居易的一生便知道，王质夫这般绿竹猗猗、如琢如磨的君子，始终是他所欣赏、所喜爱，并愿意去亲近的人。

那官舍前的小园林，则是一个通往精神世界的入口，也让白居易看到了人生的另一种可能——若有朝一日厌倦仕宦，便归隐山野，心中无所寄，白云照衣裳。

元和元年（公元 806 年）十二月的某一天，白居易约王质夫和陈鸿同游，夜宿仙游寺。

是夜，在清简的僧房中，三人围炉暖酒，挑灯相对，谈起开元盛世，以及唐玄宗与杨贵妃的爱情悲歌，皆扼腕不已。

天宝末年，杨贵妃的哥哥杨国忠窃取宰相之位，把持国政，安禄山以讨伐杨氏家族为名，引兵反唐。马嵬坡前，杨贵妃自缢，以平六军之怒。玄宗自蜀还京，对贵妃夜夜思念，魂牵梦萦，三年花开叶落，再不能闻《霓裳羽衣曲》。

而在民间，李、杨故事的后续已经流传了许多年。

马嵬坡兵变之后，长安来了一名四川的方士，声称自己会招魂之术，愿意为玄宗寻找贵妃魂魄。但方士用尽了所有的办法，从天界到地府，都没有找到贵妃。直至到了蓬莱的海上仙山，看到一座楼阁，上书"玉妃太真院"，才算真正觅得仙踪。原来贵妃已经成了蓬莱宫的仙子，见有玄宗使者到来，念及旧情，不禁一阵悲伤。为了表达心意，贵妃将自己的金钗与钿盒各分一半，让方士带给玄宗，并告诉方士，她曾与玄宗在长生殿许下密约，愿生生世世为夫妇，因为昔日的誓言，她不久便会离开蓬莱，或去天宫，或返人世，希望与玄宗再结情缘……

言至此，白、王、陈三人又是一阵唏嘘，为那个回眸一笑百媚生的美人，也为一个王朝的命运。

"贵妃香消玉殒，盛唐气象也尽了。"

"说什么红颜祸水，红颜不过是政治的牺牲品。说什么美人误国，误国也不过是争权夺利的人编造的借口。"

酒酣之际，王质夫举起杯盏，对白居易说道："这样缠绵悱恻、生死不渝的爱情故事，如果不能遇到一位出世之才将其记载、润色，百年之后，定会被时间湮没，不闻于世。乐天，你善于作诗，笔端情深，心底意长，何不试为歌之？"

白居易当即应允，遂以汉皇代指玄宗，作《长恨歌》传世，又邀陈鸿作传，冠于歌之前，是为《长恨歌传》。

汉皇重色思倾国，御宇多年求不得。

杨家有女初长成，养在深闺人未识。

天生丽质难自弃，一朝选在君王侧。

回眸一笑百媚生，六宫粉黛无颜色。

春寒赐浴华清池，温泉水滑洗凝脂。

侍儿扶起娇无力，始是新承恩泽时。

云鬓花颜金步摇，芙蓉帐暖度春宵。

春宵苦短日高起，从此君王不早朝。

承欢侍宴无闲暇，春从春游夜专夜。

后宫佳丽三千人，三千宠爱在一身。

金屋妆成娇侍夜，玉楼宴罢醉和春。

姊妹弟兄皆列土，可怜光彩生门户。

遂令天下父母心，不重生男重生女。

骊宫高处入青云，仙乐风飘处处闻。

缓歌谩舞凝丝竹，尽日君王看不足。

渔阳鼙鼓动地来，惊破霓裳羽衣曲。

九重城阙烟尘生，千乘万骑西南行。

翠华摇摇行复止，西出都门百余里。

六军不发无奈何，宛转蛾眉马前死。

花钿委地无人收，翠翘金雀玉搔头。

君王掩面救不得，回看血泪相和流。

黄埃散漫风萧索，云栈萦纡登剑阁。

峨眉山下少人行，旌旗无光日色薄。

蜀江水碧蜀山青，圣主朝朝暮暮情。

行宫见月伤心色，夜雨闻铃肠断声。

天旋地转回龙驭，到此踌躇不能去。

马嵬坡下泥土中，不见玉颜空死处。

君臣相顾尽沾衣，东望都门信马归。

归来池苑皆依旧，太液芙蓉未央柳。

芙蓉如面柳如眉，对此如何不泪垂。

春风桃李花开日，秋雨梧桐叶落时。

西宫南内多秋草，落叶满阶红不扫。

梨园弟子白发新，椒房阿监青娥老。

夕殿萤飞思悄然，孤灯挑尽未成眠。

迟迟钟鼓初长夜，耿耿星河欲曙天。

鸳鸯瓦冷霜华重，翡翠衾寒谁与共。

悠悠生死别经年，魂魄不曾来入梦。

临邛道士鸿都客，能以精诚致魂魄。

为感君王辗转思，遂教方士殷勤觅。

排空驭气奔如电，升天入地求之遍。

上穷碧落下黄泉，两处茫茫皆不见。

忽闻海上有仙山，山在虚无缥缈间。

楼阁玲珑五云起，其中绰约多仙子。

中有一人字太真，雪肤花貌参差是。

金阙西厢叩玉扃，转教小玉报双成。

闻道汉家天子使，九华帐里梦魂惊。

揽衣推枕起徘徊，珠箔银屏迤逦开。

云鬓半偏新睡觉，花冠不整下堂来。

风吹仙袂飘飘举，犹似霓裳羽衣舞。

玉容寂寞泪阑干，梨花一枝春带雨。

含情凝睇谢君王，一别音容两渺茫。

昭阳殿里恩爱绝，蓬莱宫中日月长。

回头下望人寰处，不见长安见尘雾。

唯将旧物表深情，钿合金钗寄将去。

钗留一股合一扇，钗擘黄金合分钿。

但教心似金钿坚，天上人间会相见。

临别殷勤重寄词，词中有誓两心知。

七月七日长生殿，夜半无人私语时。

在天愿作比翼鸟，在地愿为连理枝。

天长地久有时尽，此恨绵绵无绝期。

——《长恨歌》

《长恨歌》让李、杨的爱情故事变成了千古绝唱，也让每个人都能从中照见自己的爱情，更让白居易声名鹊起，在唐代诗坛拥有了比肩李杜的光芒。

《长恨歌》传到长安后，朝野争相传诵。

对于"汉皇重色思倾国"的隐喻，当朝皇帝不仅不生气，反而经常沉吟回味。大唐之大，也大在气度与格局。

于是外国使臣和商人来长安，也必求《长恨歌》，并甘愿奉上白银百两。

在勾栏之中，会弹唱《长恨歌》，便可以让任何一名歌姬自抬身价："我诵得白学士《长恨歌》，岂同他妓哉？"

民间还有人为了表达对白居易的喜爱，将他笔下的诗句文在身上，两条花臂，一壶美酒，朝朝暮暮，击节而歌："在天愿作比翼鸟，在地愿为连理枝。天长地久有时尽，此恨绵绵无绝期。"

只是彼时，天地俱寂，满山松雪，三个年轻人在仙游寺的酒后之言，不免让人感叹，通常这世间流传千古的文学作品，就像世间一往情深的情感一样，都是可遇而不可求的。

如果在盩厔时白居易可以预知后事，他一定会感谢提议去"蔷薇涧"讨碗水喝的小书童吧。

如果没有小书童叩开柴扉，他就不会遇到即将出门的王质夫，不会认识陈鸿，也就不会有《长恨歌》的问世。

十一 长安之春

善于进谏，其实也是善于揣摩圣意、洞明人情，这样的技能，或许，在天愿为鹤、在地愿为竹、在朝堂当为宝剑的白居易，一辈子都学不会。

在白居易的生命中，元和二年（公元807年）的三月，有一大半时间是在长安度过的。在长安的一大半时间，又是在靖恭坊度过的。

靖恭坊位于长安城东，与常乐里相邻。

通常，白居易会从西边的延平门入城，途经牡丹馥郁的西明寺，往前去靖安里看望在家为母丁忧的元稹，然后继续往东走，即可到达靖恭坊。

在长安兜兜转转七八年，白居易

熟谙每一个里坊、每一条街道，以及长安每个季节里空气的味道。

这个三月，烟水依旧明媚，车马依旧喧嚣，楝树花刚刚谢去，槐花正在枝头累累含苞，而牡丹已经剪云披雪，姹紫嫣红开遍，香气沉沉如骤雨倾城。

靖恭坊杨宅的紫藤花架也正是香雪纷纷，楚楚动人的花朵，悬挂枝头，莫名地令人沉醉。

或许，真正令人沉醉的，不仅是紫藤花，还有花下的美酒，以及故友赤诚的情意。

> 杨氏弟兄俱醉卧，披衣独起下高斋。
> 夜深不语中庭立，月照藤花影上阶。
>
> ——《宿杨家》

大约十年前，即白居易在宣城参加州试时，曾与一位名叫杨虞卿的年轻人有过数面之缘。

十年后，随着《长恨歌》的流传，白居易的名字响彻京城，其《策林》也成为考生研习的典范。当时杨氏家族的子弟们也在准备考试，杨虞卿便以故友的身份邀请白居易到家中做客，一是邀其畅叙旧情，二是请其指点策文。

白居易欣然赴约。

杨家则以长安最好的美酒和一场精心准备的盛大宴席

迎接《长恨歌》的作者。宴席上，杨虞卿向白居易一一引见他的从兄弟们：杨汝士、杨汉公、杨鲁士……多年后，在座之人皆仕途荣达，史称：靖恭杨家，冠盖盛游。

如此，杨虞卿将自家从妹（杨汝士胞妹）介绍给白居易，便有了水到渠成的意味。

至于杨氏当时年方几何，相貌美丑，史料并无太多记载，白居易的诗文中也没有相关的记录，从各种或明或暗的蛛丝马迹拼凑出来的形象大约就是——大家闺秀，性格温和，不美，不丑，极善女红，不识诗文。

但可以确定的是，有杨氏陪伴在身边，白居易多年来对湘灵的相思之苦，俨然得到了一定程度上的安慰。从白居易的诗文也可以看出，他与杨氏结婚后，生活过得平静而温馨。

他把怦然心动、刻骨相思与大山般的愧疚给了湘灵；把可欺金石、辗转反侧的知己情深给了元稹和刘禹锡；给杨氏的，大抵就是相濡以沫、相敬如宾、静水流深式的亲人般的日常温情吧。

而当时的白居易，尽管已是一个三十六岁的大龄男青年，但在杨家看来，他进士出身，才华横溢，又已释褐为官，假以时日，定会前程似锦。

因为宪宗对《长恨歌》的喜爱，也因为宪宗想要励精图治而求才若渴——从《策林》到《长恨歌》再到《观刈麦》，从治国之策到借古讽今再到为民请命，这样的才气、正气、勇气，不正是亟待中兴的帝国所需要的吗？

白居易很快平步青云。

是年秋天，在京兆府选拔"贡生"的州试中，白居易就已经坐到了京兆府考官的位置上。

考试完毕后，白居易又被调任集贤苑校理，到了十一月，他已经是翰林学士了。

翰林院位于大明宫内银台门附近，也是李白工作过的地方。李白曾在诗中描述身为翰林供奉的荣耀："承恩初入银台门，著书独在金銮殿。龙驹雕镫白玉鞍，象床绮席黄金盘。当时笑我微贱者，却来请谒为交欢。"

事实证明，杨家人眼光果然不错。

白居易由风尘走吏变成天子秘书，获得出入内廷的殊荣，前后不过一年多的时间。

元和三年（公元 808 年）的春天，是白居易仕途的春天，也是白家的春天。温暖的春风中，喜鹊登枝，双燕呢喃。

四月，白居易授左拾遗，依前充翰林学士；白行简进士及第后顺利通过授官考试，即将到朝中任校书郎；白居易正式到杨家提亲，不久后，他就会迎娶杨家小妹，步入婚姻的殿堂，到新昌里安下自己的小家，也算给母亲一个交代。

可谓三喜临门。

> 奉诏登左掖，束带参朝议。
>
> 何言初命卑，且脱风尘吏。
>
> 杜甫陈子昂，才名括天地。
>
> 当时非不遇，尚无过斯位。
>
> 况余謇薄者，宠至不自意。
>
> 惊近白日光，惭非青云器。
>
> 天子方从谏，朝廷无忌讳。
>
> 岂不思匡躬，适遇时无事。
>
> 受命已旬月，饱食随班次。
>
> 谏纸忽盈箱，对之终自愧。
>
> ——《初授拾遗》

从这首诗可以看到，白居易官升左拾遗后，已经换上了从八品上的朝服，位列朝班，正式参与议政了。

之前授翰林学士，但官职还是盩厔县尉，因为翰林学士虽供奉内廷，可"内参谋猷，延引讲习，出侍辇舆，入陪私宴"，却没有官阶，仅相当于天子的助理。

而白居易不仅升任左拾遗，还依旧担任着翰林学士，即职位为翰林学士，官位为左拾遗。

以双重身份上殿，也足见天子对白居易的看重与广开言路、任用贤能的决心。

对于白居易来说，左拾遗这个官位，他在情感上是既亲切又渴慕的——至交好友元稹担任过，人生榜样陈子昂、杜甫也担任过，能与自己喜欢与敬重的人担任同一官职，无论如何，内心都充满亲切与喜悦。

当然，这份喜悦中还夹杂着丝丝缕缕的被破格擢拔的受宠若惊，担心自己并非栋梁之材而有负天子的惶惑，以及摩拳擦掌想要证明自己能力与忠诚却奈何没有找到合适机会的急切。

于是在诗中，他自谦地说自己不过是驽钝浅薄之人，能够官至左拾遗，还要感谢天子的错爱。

而天子已经在朝堂上传达旨意，以后将纳谏思理，渴闻谠言——即渴望听到正直之言、慷慨之言，令群臣在议政之时，尽管直言进谏，不必有任何的忌讳。

白居易上任已有十天之余，却还只进谏过几回。他看着堆积在箱子里的谏纸，不禁感叹，并非自己不为君国而忠直谏诤，而是因为没有议题可进谏，真是令人惭愧不已啊！

诚如白居易诗中所说，他对朝廷的忠心，天地可鉴。

正是因为这份忠心，他疾恶如仇，直言不讳，有时候甚至为了正义与真理，与天子面红耳赤地争论，颇有"我忠君爱国，但我更忠正义更爱真理"的意思。

不过，连天子的面子都不给，也就意味着，连前程和性命都可以不要。

根据《纲鉴易知录》的记录，唐宪宗每次有军国大事，都会召集谏官与学士参加。

一次，白居易因为论事太过激切，竟当着众人之面直言："陛下，您错了！"

宪宗神情突然变得严肃起来，中止了议政。

事后，宪宗单独将中书舍人李绛召来，生气地说："白居易这小小臣子，如此出言不逊，将他逐出翰林院吧！"

李绛说："陛下，您之前说要容纳直言，所以群臣才敢这样竭尽所诚、推心置腹地进谏。关于这件事，白居易的确考虑不周，但他献纳忠谠，为国家出谋划策，丹心可鉴。陛下您今天如果治白居易的罪，臣担心往后天下人都只会考虑如何缄口不言，保全自己的前程与性命，那么就不能广纳贤才，也不能彰显您的圣德了。"

宪宗听后，便不再生气，心情随之舒畅起来，从此待白居易如初。

古剑寒黯黯，铸来几千秋。

白光纳日月，紫气排斗牛。

有客借一观，爱之不敢求。

湛然玉匣中，秋水澄不流。

至宝有本性，精刚无与俦。

可使寸寸折，不能绕指柔。

愿快直士心，将断佞臣头。

不愿报小怨，夜半刺私仇。

劝君慎所用，无作神兵羞。

——《李都尉古剑》

白居易这首诗便是写于担任左拾遗期间。

李都尉何人？史料中没有任何记载。

不过，只要联系元和初年（公元 806 年）白居易"誓心除国蠹，决死犯天威"的政治立场，便不难发现，李都尉是谁并不重要，重要的是，这诗中的主角，俨然是那把古剑，爱憎分明，宁折不弯，不惧天威，直指奸佞。

白居易之言之行，又与古剑何异？

担任谏官时，白居易不惧权豪，对于藩镇节度使的专横跋扈，屡次公开弹劾，认为绝不可姑息。

山南东道节度使于頔，《旧唐书》里说他是"公然聚敛，恣意虐杀，专以凌上威下为务"，德宗在位时，对其无可奈何。元和三年（公元 808 年）春，于頔上表请求宪宗将永昌公主许配给自己的儿子，欲与天子结为儿女亲家，同时请求归朝入觐，册拜司空、同平章事。

荆南节度使裴均，依附宦官起家，显贵后荒纵自矜，目无法度，为时人不齿。也是在元和三年的春天，宪宗念其曾拥戴自己登上帝位有功，特召其入朝，迁尚书右仆射、判度支，掌管财政。

为此，白居易连夜写下《论于頔裴均状》劝谏宪宗："今于頔等以入觐为请，若又许之，岂非须来即来乎？""昨日裴均除平章事，内外之议，早已纷然！"

白居易认为如果让于頔入朝，就是败坏朝纲；如果让于頔任兼将相，家通国亲，那么其他藩镇纷纷效仿，又要如何应对？

对于裴均，白居易更是一再提醒宪宗，裴均性本贪残，尽人皆知，令其掌管财政收支，等同于请硕鼠守粮仓，请陛下一定要重视舆论，擦亮眼睛，不要被小人的伪善蒙蔽了双眼，更不要为了还自己的人情，而动摇了国之根本，失去了民心。

不久后，宪宗算是部分接纳了白居易的建议，于頔入朝后，并未授其实权。而裴均，宪宗则是迫于舆情，只好在于頔入朝的同时，外调其为山南东道节度使，将其安放到了于顿之前的位置。

除了弹劾劣迹斑斑的藩镇节度使，白居易还极力反对宦官擅权，坚决站在宦官集团的对立面。

对于破坏"永贞革新"，擅杀节度使，宪宗都要忌惮三分的大宦官俱文珍，白居易数次弹劾，毫不畏惧。

在诗中，他写道："危言诋阍寺，直气忤钧轴""但伤民病痛，不识时忌讳"。在《论和籴状》中，他反对剥削百姓。

诚然，无论是诗歌还是谏文，白居易都永远站在百姓的这一边，无法对民生疾苦袖手旁观。

和籴，始于北魏，即官府以议价交易为名，向民间征购粮食，或用来征战，或用来备荒。但到了唐代中期，和籴便渐渐衍变成各府各县按照散户配人的方法强制进行。

如白居易文中所写，官府和籴价格不透明，且多用劣质匹缎付款，百姓拿了匹缎，只能转卖，转卖时又要出一份纳税钱，层层剥削，百姓苦不堪言。不仅如此，百姓若有迟缓，还要受到官府的鞭打，令人惨不忍睹。

元和三年的春天，白居易以昔日县尉今时谏官的身份，向皇帝提出建议，将和籴改成折籴，意思是让百姓把缴纳青苗税钱改成缴纳粮食，如此既保证了国家的收入，又可以避免百姓贱卖谷物纳税的损失。

他说，对于百姓的苦难，臣岂能视而不见，上负圣恩，内负理想？如果陛下您不相信，可以派一名亲信到民间调查，就知道和籴之弊有多么严重，臣并无半句虚言。

最后又说，但凡法度，如果利害各占一半，便可不必更改，反之，如果利害悬殊，就一定要改变。

"不独于此，其他亦然。"

此一句，白居易之忠之痴，可见一斑。

如此，也不免令人猜测，唐宪宗召来李绛，想要把白居易调离翰林院——冰冻三尺，定非一日之寒。

白居易再受赏识，也不过是"小小臣子"，宪宗皇帝再豁达开明，也有不能触及的逆鳞与隐晦。

前有为阻止裴均入朝，白居易提及宪宗"还人情"，后有"不独于此，其他亦然"，纵观白居易一生仕途，就知道他是成也刚正，败也刚正。

宪宗从一个普通的郡王到登上皇位仅用了四个月的时间，其间发生了什么，一直是萦绕在很多人心底的疑云。

那么当白居易选择公然与他眼中的奸佞之臣斗争时，对于昔日将自己扶上帝位的人，对于一群人共同守护的不能曝晒在阳光下的秘密，宪宗的私人情感天平又会倾向于哪一边？

不知道白居易考虑过没有，显然，李绛是明白的。

劝说宪宗的那位中书舍人李绛，正是白居易的昔日同事，他们曾一起被召入翰林院，并成为好友。

史册上说李绛为官勤勉，善于劝谏，从翰林学士到位极人臣不过数年时间。

善于进谏，其实也是善于揣摩圣意、洞明人情，这样的技能，或许，在天愿为鹤、在地愿为竹、在朝堂当为宝剑的白居易，一辈子都学不会。

白居易可以凭借才华获得皇帝暂时的赏识与偏爱，然而木秀于林风必摧之，平步青云之后要想屹立不倒，收敛锋芒毕露的个性是根本，上善若水任其方圆更是终极的政治智慧。

但一个连皇帝都敢与之据理力争的人，一个热血滚烫，心怀兼济天下的梦想，志在"整顿纲纪，澄清吏治"，为国尽忠的人，一个尚未被权力与阴谋狠狠打击和摧残的人，又如何懂得敛藏锋芒、保全自我呢？

十二 秦中吟，桐花诗

宪宗如果知道多年后，对他毕恭毕敬的仇士良会杀二王、一妃、四宰相，贪酷二十余年，在"甘露之变"中让长安血流成河，朝堂为之一空，他又会后悔元和五年对其的庇护吗？

唐人甚爱牡丹，故长安春色十分，牡丹独占其九。

牡丹二月含苞，三月怒放，香气每浓一分，春色愈深一分。在长安，人人皆有牡丹之癖，家家户户栽种牡丹。阳春三月，不出门赏牡丹的人更是可耻的——与白居易同入翰林院的李肇当时正在编写《唐国史补》，里面就记录了长安人为牡丹痴狂的第一手资料："京城贵游，尚牡丹三十余年矣。每春暮，车马若狂，以不耽玩为耻。"

尤其是公室侯家，不仅出门耽玩，家中更是春色满园关不住，步步霞光，如置瑶台阆苑，如乘蓬莱仙槎。据说长安最名贵的牡丹，千金不换，但依旧有不少贵族愿意一掷万金亲近芳泽。

> 帝城春欲暮，喧喧车马度。
> 共道牡丹时，相随买花去。
> 贵贱无常价，酬直看花数。
> 灼灼百朵红，戋戋五束素。
> 上张幄幕庇，旁织笆篱护。
> 水洒复泥封，移来色如故。
> 家家习为俗，人人迷不悟。
> 有一田舍翁，偶来买花处。
> 低头独长叹，此叹无人喻。
> 一丛深色花，十户中人赋。
>
> ——《秦中吟·买花》

牡丹花开了，又一个长安之春到来了。

春深似海，欲暮未暮，最宜踏青赏牡丹。而长安赏牡丹的去处，城西以西明寺为佳，城东以慈恩寺为佳。是时，长安的一百个里坊之间，都会车马喧喧，东西交错，追逐着满城锦绣。

对于诗人来说，不为牡丹留下几笔似乎也是可耻的。

打开《全唐诗》果然香气四溢："唯有牡丹真国色，花开时节动京城""牡丹芳，牡丹芳，黄金蕊绽红玉房。千片赤英霞烂烂，百枝绛点灯煌煌。照地初开锦绣段，当风不结兰麝囊"……

白居易自然也爱牡丹。他对牡丹的喜爱，不仅有单纯的对美好事物的欣赏，更有一份情感的承载。

时人追捧红色与紫色的牡丹，对白牡丹多有冷落。但他认为白色的牡丹有一种淡泊的美，就像一片丹霞中的白月光，清贵的姿态尤其惹人怜爱。

数年前，他曾与元稹在西明寺赏牡丹，辨认牡丹的名字，辨别牡丹的香气，连空气也变得甘美可恋。

后来元稹离开长安，一朵西明寺的牡丹，就是一朵思念，就是一段回不去的时光。

他通过时人对牡丹的痴和爱，看到了自己心中的痛与忧。

先天下之忧而忧，很多年后，一个叫范仲淹的人将白居易当时的心情写了出来。

当他看到，一株深色的牡丹，价格等于十个家庭的税收时；当牡丹渐渐变成一种身份与金钱的象征，人们渐渐脱离了爱花的本质，而百姓的疾苦却被选择性遗忘时，他觉得非常心痛。

他痛恨那些被牡丹的美蒙住了眼睛、被牡丹的香气占据了口鼻、被旁人赞美艳羡的声音堵住了耳朵的王公贵族，他们看不见听不到卖儿鬻女缴纳赋税的百姓的血泪、叹息与悲鸣。

元和四年（公元 809 年）春天，忧心如焚的白居易，已经没有心情好好欣赏一朵牡丹的美，他要写《秦中吟》，写百姓之苦之痛。

于是随着元稹丁忧期满回朝后被宰相裴垍提拔为监察御史，李绅从家乡来到长安获授校书郎，一场志同道合的轰轰烈烈的诗歌革新活动便开启了，史称"新乐府运动"。

该活动由白居易、元稹、李绅倡导，积极参加与响应的诗人则有"还君明珠双泪垂，恨不相逢未嫁时"的张籍，雨过山村写下"妇姑相唤浴蚕去，闲看中庭栀子花"的王建……

而白居易，自然成了长安城最勤勉的谏官，也是风头最劲的诗人，常以谏文直击弊政，又以诗歌旁敲侧击，《秦中吟》一出，再次震动朝野。

从"朱门酒肉臭，路有冻死骨"，到"是岁江南旱，衢州人食人"，百姓们仿佛看到，杜甫手中的那支笔，已经被白居易握在了手里。

《师友诗传续录》载："白居易、元稹、张籍、王建创为新乐府，亦复自成一体。"

何为新乐府？

相对古乐府而言，新乐府用新题，写时事，不以入乐与否为衡量标准。如《行路难》《长歌行》为古乐府，杜甫的《石壕吏》《丽人行》即是突破旧曲调的新乐府。从宣城的《红线毯》，到盩厔的《观刈麦》，再到长安的《秦中吟》，白居易"文章合为时而著，歌诗合为事而作"的核心思想也愈发清晰。

是年春天，李绅写出《新题乐府》二十首，元稹和诗十二首，序言里说："予友李公垂，贶予乐府新题二十首。雅有所谓，不虚为文，予取其病时之尤急者，列而和之，盖十三而已。"

白居易也认为，如果诗是一棵树，应该是情为根、言为苗、花为声、果为义。在与李绅、元稹切磋讨论时，他又接着写诗五十首，如现在依旧脍炙人口的《杜陵叟》《卖炭翁》《母别子》……正式题名《新乐府》，序言中也阐明了主旨与原则——为君、为臣、为民、为物、为事。

几个志同道合的年轻诗人约定，效法杜甫，振兴诗道，美刺比兴，因事立题，一扫六朝绮靡诗风，从风花雪月的华丽蜗牛壳中跳脱出来，开辟一片诗歌的新天地，也为后世保留一份珍贵的时代切片。

白居易发动"新乐府运动"的初衷是为了解救百姓疾苦，弥补时政缺失，希望通过诗歌，将民间万象带到皇帝眼前，让皇帝在制定政策的时候可以获得更全面的参考。他这么做是为了报答皇帝的信任，尽到谏官的职责，然而结果却不尽如人意。

元和五年（公元 810 年）二月，元稹从蜀地回长安，途中夜宿敷水驿。

巧合的是，宦官仇士良与刘士元随后即至，气势汹汹地要求尚在睡梦之中的元稹搬出正厅。元稹认为按照旧例，应遵循先来后到的原则，而刘士元大怒，竟召集手下将元稹打得头破血流。

怎料受伤又受辱的元稹回到长安后，等待他的并非宪宗的秉公执法，而是仇士良颠倒黑白的倒打一耙。

而宪宗，居然闭上了眼睛，堵上了耳朵，选择一如既往地信任宦官，要将元稹贬出京城。

奈何当时知人善任的贤相裴垍已中风在家，不能入朝，便托亲信李绛与崔群为元稹申冤，但宪宗依旧置之不理。

好友受辱未雪，又遭蒙冤，白居易岂能坐视不管？

在《论元稹第三状·监察御史元稹贬江陵府士曹参军》中，白居易甚至列出了不可左降元稹的三大理由：

第一，此事明显是先前元稹弹劾宦官，才遭受宦官挟恨报复。元稹守官正直，举奏不避权势，若左降元稹，想来日后每个刚正的谏官都会以元稹为戒，那谁还愿意为陛下当官执法，嫉恶绳愆呢？

第二，刘士元踏破驿门夺将鞍马，仍索弓箭吓辱朝官，这样的恶劣行径，看似私怨，实损圣德。如果左降元稹，想来日后宦官纵暴愈甚，朝官受辱必不敢言，纵然遭到殴打凌辱也会以元稹为戒忍气吞声。

第三，元稹去年在蜀地举奏多个藩镇枉法，一直被各藩镇所记恨。德宗时期，浙西人崔善贞，正直忠诚，入京密告节度使李锜必反，却被德宗下令套上重枷，送还李锜处置。李锜大怒，烧杀了崔善贞。数年之后，李锜果然造反，一时生灵涂炭，至今令天下人痛心。陛下现在左降元稹，与将元稹送还藩镇处置有何区别呢？从此之后，藩镇不轨不法，怕再无人敢说一句真言，陛下自然也就无从知晓了。

最后，白居易又无奈地恳求宪宗：如果陛下您听不进我的劝谏，实在要处置元稹，还请您不要把他贬到江陵去侍奉藩镇，哪怕让他当一个京师闲官也好啊！

可惜，宪宗处理的结果，至今还被记录在史册里："执政以稹少年后辈，务作威福，贬为江陵府士曹参军。"

这位执政之人，正是元稹曾经得罪过的三朝宰相杜佑。

白居易感到了深深的失望。

是年春，白居易又三次上疏，请求宪宗不要急着征讨王承宗——元和四年（公元 809 年），成德节度使王士真病故，其子王承宗擅领兵权，并囚禁了朝廷新任节度使薛昌朝，元和五年，宪宗诏令宦官领军集合六镇兵马讨伐王承宗，白居易认为时机尚不成熟，河北藩镇各怀心思，恐徒劳无功对朝廷不利。

但出兵之前，对于白居易的三次上疏，宪宗都置若罔闻。

数年后，白居易含冤被贬江州，回忆起在朝中担任谏官，倡导新乐府运动，不禁感叹道："仆当此日，擢在翰林，身是谏官，月请谏纸。启奏之外，有可以救济人病，裨补时阙，而难于指言者，辄咏歌之，欲稍稍递进闻于上。上以广宸聪，副忧勤；次以酬恩奖，塞言责；下以复吾平生之志。岂图志未就而悔已生，言未闻而谤已成矣！"

言语中亦似有后悔之意。

白居易是否在疑心，"有阙必规，有违必谏，朝廷得失无不察，天下利病无不言"的一腔热血，换来的却是朝廷的冷落与遗弃，到底值不值得？

那么，当宪宗得知征讨王承宗时，有藩镇与叛军串通一气，结果二十万唐军劳而无功，他有没有后悔，当初没有多看一眼白居易的上疏呢？

宪宗如果知道多年后，对他毕恭毕敬的仇士良会杀二王、一妃、四宰相，贪酷二十余年，在"甘露之变"中让长安血流成河，朝堂为之一空，他又会后悔元和五年对其的庇护吗？

诏授户曹掾，捧诏感君恩。

感恩非为己，禄养及吾亲。

弟兄俱簪笏，新妇俨衣巾。

罗列高堂下，拜庆正纷纷。

俸钱四五万，月可奉晨昏。

廪禄二百石，岁可盈仓囷。

喧喧车马来，贺客满我门。

不以我为贪，知我家内贫。

置酒延贺客，客容亦欢欣。

笑云今日后，不复忧空尊。

答云如君言，愿君少逡巡。

我有平生志，醉后为君陈。

人生百岁期，七十有几人。

浮荣及虚位，皆是身之宾。

唯有衣与食，此事粗关身。

苟免饥寒外，余物尽浮云。

——《初除户曹，喜而言志》

元和五年，随着元稹含冤被贬，白居易的政治热情也在一点点地冷下去。

左拾遗任期将满时，宪宗念白居易家贫，听自择官。他主动请求改成俸禄更高的京兆府户曹参军，官阶为正七品，掌管籍账、婚姻、田宅、杂徭、道路等事，理由是可以侍奉母亲、陪伴家人。

此事表明，宪宗没有再亲近和重用白居易，或是迫于权贵与藩镇方面的压力，或是为了维护帝王的威仪，并非是对白居易真正绝情。

宪宗此举甚至让元稹感叹："此非君臣也，乃父子耳，只'家贫听自择官'六字，千载之下，尤能令人感泣。"

白居易的选择也不免令人猜测，其中真正的理由，应该是白居易对谏官一职心灰意冷，是以元稹为戒。

因为白居易知道，记恨元稹的人，同样记恨自己，恨不得将自己杀之而后快，元稹的遭遇，他同样逃不掉。

对于朝中权贵的排挤，他应该早就预料到了。

他只是没有预料到，宪宗会选择做一个盲聋之人，弃正义于不顾，坚决站在宦官那一边。

他也不会明白，他所鞭挞、讽刺的权贵，正是封建体系的既得利益者——《卖炭翁》写宫市横暴,《杜陵叟》写急敛暴征、皇恩虚伪,《上阳白发人》同情宫女的命运……然而帝国的权力环环相扣,天子虽身为最高统治者,又如何能够无所顾忌呢?

初除京兆府户曹参军那一天,新昌里车马喧喧,贺客盈门。

三十九岁的白居易对着满堂宾客,喝了一杯又一杯,感念天子的恩德,声称自己的志向不过是苟免饥寒,什么荣华富贵、朝堂高位,都是过眼浮云。

而懂得白居易的人自然明白,"喜而言志",多么像是一种反讽、一抹醉眼蒙眬的苦笑。

若真的苟免饥寒即可,又何必一首一首地接着写《秦中吟》——除《买花》之外,《秦中吟》还有《议婚》《重赋》《伤宅》《伤友》《不致仕》《立碑》《轻肥》《五弦》《歌舞》,字字句句都在批判政治之弊端,体恤民生之多艰。

若真的没有遗憾,从此衣食之外皆浮云,又怎会想起故人往事潸然泪下,怎会"同心一人去,坐觉长安空"?

零落桐叶雨,萧条槿花风。
悠悠早秋意,生此幽闲中。
况与故人别,中怀正无悰。

勿云不相送，心到青门东。

相知岂在多，但问同不同。

同心一人去，坐觉长安空。

——《别元九后咏所怀》

令人伤感的是，世界上最懂白居易的那个人，已经被贬江陵。

白居易每次去翰林院值夜，都会想起元稹来。

一个人的时候，千般相思，万端心绪，无处隐藏也无须隐藏——

银台金阙夕沉沉，独宿相思在翰林。

三五夜中新月色，二千里外故人心。

渚宫东面烟波冷，浴殿西头钟漏深。

犹恐清光不同见，江陵卑湿足秋阴。

——《八月十五日夜禁中独直对月忆元九》

心绪万端书两纸，欲封重读意迟迟。

五声官漏初鸣后，一点窗灯欲灭时。

——《禁中夜作书与元九》

元稹去江陵的途中，有一次夜宿山馆，对着满地的月

光与桐花，回望长安，无限怅恨，于是寄了一首桐花诗给
白居易——

> 微月照桐花，月微花漠漠。
>
> 怨澹不胜情，低回拂帘幕。
>
> 叶新阴影细，露重枝条弱。
>
> 夜久春恨多，风清暗香薄。
>
> 是夕远思君，思君瘦如削。
>
> 但感事暌违，非言官好恶。
>
> 奏书金銮殿，步屦青龙阁。
>
> 我在山馆中，满地桐花落。
>
> ——元稹《三月二十四日宿曾峰馆夜对桐花寄乐天》

就在元稹思念白居易的时候，白居易正好梦见了元稹。

> 永寿寺中语，新昌坊北分。
>
> 归来数行泪，悲事不悲君。
>
> 悠悠蓝田路，自去无消息。
>
> 计君食宿程，已过商山北。
>
> 昨夜云四散，千里同月色。
>
> 晓来梦见君，应是君相忆。
>
> 梦中握君手，问君意何如。

君言苦相忆，无人可寄书。

觉来未及说，叩门声冬冬。

言是商州使，送君书一封。

枕上忽惊起，颠倒著衣裳。

开缄见手札，一纸十三行。

上论迁谪心，下说离别肠。

心肠都未尽，不暇叙炎凉。

云作此书夜，夜宿商州东。

独对孤灯坐，阳城山馆中。

夜深作书毕，山月向西斜。

月下何所有，一树紫桐花。

桐花半落时，复道正相思。

殷勤书背后，兼寄桐花诗。

桐花诗八韵，思绪一何深。

以我今朝意，忆君此夜心。

一章三遍读，一句十回吟。

珍重八十字，字字化为金。

——《初与元九别后忽梦见之及寤而书适至兼寄桐花诗怅然感怀因以此寄》

时间如此缓慢，与元稹一日不见，如隔三秋。

时间如此迅疾，桐花落了桐叶落，与元稹梦中相见，已经是几个月前的事了。

是年早秋的某个夜间，白居易听着雨点打在桐叶上，又想起元稹的桐花诗，想起那个梦，不禁悲从中来，万千秋意拂上心头。

夜静如何，人去如何，偌大长安，竟为之一空。

思君令人老，岁月忽已晚，古人诚不我欺啊，白居易发现自己两鬓又多了几根白发……

十三 晴耕雨读，归园田居

与稻田打交道时，白居易认为，生死有命，富贵在天，人生境遇，是贫穷，是通达，都不必太过介怀。就像他那双曾经在慈恩塔下金榜题名、在金銮殿上草拟诏书的手，现在，每天与谷苗打交道，似乎也同样可以挥舞着锄头，在大地上种豆如写诗。

元和六年（公元811年）暮春，长安的牡丹花香尚未散去，蔷薇已在枝头绽放，风里也开始有了初夏的明媚与暖意。

白居易的母亲陈夫人坐在院子里，满园的花光与浓荫落入眼中，却无半分颜色。

多年以来，她一直没能走出幼子夭折和夫君离世的情绪沼泽，甚至随着时间的推移愈陷愈深，仿佛活在世上的每一天都是窒息般的折磨，于是一心寻求解脱。

终于，在四月三日那天，趁婢女不注意，陈夫人纵身投入井中，用自我了结的方式终结了长久以来的痛苦，却留给了亲人绵长的悲伤。

是年四月，白居易与白行简一起辞掉了朝中的官职，回到下邽县金氏村，开启了漫长的丁忧时光。

按照唐代礼法，但凡父母去世，朝中官员无论职位大小，离家远近，都必须马上停止手头的工作，回到家乡丁忧。丁忧的时间为三年（实际上是二十七个月），因为子女出生三年后才能彻底离开父母的怀抱，父母去世后，子女自然要守三年的丧礼，以报答父母的恩情。朝廷也认为臣子只有恪守孝道才能忠君爱国，若有隐瞒父母丧事不报者，轻则丢官，重则丧命，还要背上一生的道德污点。

"发浩歌以长引，举浊醪而缓酌"，位于渭水边的金氏村，一度是白居易的精神桃源。他在那里泛舟渭上，意气风发，政治激情与渭水一样波澜壮阔。但现在，"朱颜销不歇，白发生无数"，举目四望，追思昔日行走游玩的地方，唯有渭水碧波不改，门前青山如故，白居易心中充满了伤感。

因时任浮梁县主簿的长兄幼文重病，无法到下邽为母守丧，主持家事的重任就落到了白居易的身上。

　　远在江陵的元稹得到白母辞世的消息后，无法脱身贬所，便写下一篇情出肺腑的祭文，托侄儿亲自带到下邽祭拜。白居易收到祭文后，一念再念，不免大恸，内心愈感悲戚。

　　安顿好家人后，白家兄弟决定为亲人迁葬。他们先是将祖父母的棺木从新郑迁到下邽的白家祖坟，再到襄阳将父亲的遗骨接回，接着又去了符离，把幼美的灵柩安葬到父母身边。

　　迁葬之事，素来最是耗费钱财与精力，待故去的亲人全部魂归祖坟后，白居易只觉得疲惫至极，满心沧桑。

朝哭心所爱，暮哭心所亲。

亲爱零落尽，安用身独存。

几许平生欢，无限骨肉恩。

结为肠间痛，聚作鼻头辛。

悲来四支缓，泣尽双眸昏。

所以年四十，心如七十人。

我闻浮屠教，中有解脱门。

置心为止水，视身如浮云。

斗擞垢秽衣，度脱生死轮。

胡为恋此苦，不去犹逡巡。

回念发弘愿，愿此见在身。

但受过去报，不结将来因。

誓以智慧水，永洗烦恼尘。

不将恩爱子，更种悲忧根。

——《自觉二首》（其二）

谁知祸不单行，母亲寻短见后，是年初冬，白居易三岁的女儿金銮子又因急病夭亡。白居易三十七岁晚婚，年近四十膝下仅此一爱女，自然视为掌上明珠，而金銮子发病到夭折不过十天时间，怎不令人悲痛欲绝？

数月之间，猝失两位至亲，白居易的眼泪都流干了，朝朝暮暮，痛摧心肝，人生至悲，莫过于斯。

从《自觉二首》（其二）我们也可以看到，母亲与爱女的离世，差点夺走白居易的半条性命，他为此大病一场，内心几近崩塌，也终于理解了母亲，当初幼美病夭，母亲为何会一夕苍老，终身心疾难愈。

佛经里说：凡所有相，皆是虚妄，若见诸相非相，即见如来。

"我闻浮屠教，中有解脱门"，如此，为了解脱失去亲人的痛苦，白居易选择了亲近佛法，顶礼如来。

白居易佛缘颇深，少年时在洛阳，有禅师赐予他八字心要，以解心结，曰"观、觉、定、慧、明、通、济、舍"，他因此写成《八渐偈》诗，在想念湘灵，被爱而不得的相思所困扰的时候，就是《八渐偈》诗让他的内心获得了平静。

是年冬天，白居易在金氏村不断默念《八渐偈》。

…………

《定偈》："真若不灭，妄即不起。六根之源，湛如止水。是为禅定，乃脱生死。"

《通偈》："慧至乃明，明则不昧。明至乃通，通则无碍。无碍者何？变化自在。"

…………

定生慧，慧生明，白居易希望用佛法的宏大与智慧，为自己洗涤烦忧，让苦难深沉的心灵，度脱生死轮回，寻找到清静的莲花彼岸，得见光明与自在。

> 脱置腰下组，摆落心中尘。
> 行歌望山去，意似归乡人。
> 朝蹋玉峰下，暮寻蓝水滨。
> 拟求幽僻地，安置疏慵身。
> 本性便山寺，应须旁悟真。
>
> ——《游蓝田山卜居》

有一段时间，白居易还想另寻一个风景清幽、地段偏僻的住所，用来安放疲惫的肉身。

他到离下邽不远处的蓝田山间寻幽，一路唱着古老的歌谣，行走于山水之间，只觉得内心愉悦，步履轻盈。到了高处，放眼望去，长安巍峨的楼阙在远方若隐若现，那曾是他花费几十年时光想要抵达的理想之城。现在，他远离了滚滚红尘与利禄功名，竟感觉如同脱下一件沉重的衣裳，身心一片轻松，眼前的山水草木，也都与自己是那般的亲近。

以至于他忍不住想，莫非我本就是山寺中人？

旁边悟真寺的钟磬之声传来，宛如召唤。

元和九年秋，八月月上弦。

我游悟真寺，寺在王顺山。

…………

一游五昼夜，欲返仍盘桓。

我本山中人，误为时网牵。

牵率使读书，推挽令效官。

既登文字科，又忝谏诤员。

拙直不合时，无益同素餐。

以此自惭惕，戚戚常寡欢。

无成心力尽，未老形骸残。

今来脱簪组，始觉离忧患。

及为山水游，弥得纵疏顽。

野麋断羁绊，行走无拘挛。

池鱼放入海，一往何时还。

身著居士衣，手把南华篇。

终来此山住，永谢区中缘。

我今四十余，从此终身闲。

若以七十期，犹得三十年。

——《游悟真寺诗一百三十韵》

悟真寺位于终南山北麓蓝田境内王顺山上，是一座远近闻名的山间古刹。

元和九年（公元 814 年）秋，白居易去悟真寺住了五天，寻幽探微，聆听妙音，如置身须弥山巅，得见莲花灵境。

他感觉自己是麋鹿挣脱了绳索，自由自在地行走在山间，又像是一尾鱼跳进了大海里，再也不愿回到池塘。

对仕途的心灰意冷，似已溢于言表。

值得一提的是，在诗中，白居易写道："身著居士衣，手把南华篇。"南华，就是《南华经》，属于道家经文——天宝元年（公元 742 年），唐玄宗封庄子为南华真人，《庄子》也就成了《南华经》。

白居易既是虔诚的佛教徒，又信仰道教，年轻时喜欢庄子，被贬江州后曾在庐山尝试炼丹。在另一首送给朋友的诗中，白居易写道："早年以身代，直赴逍遥篇。近岁将心地，回向南宗禅。"说他早年间喜欢庄子的《逍遥游》，喜欢"大鹏一日同风起，扶摇直上九万里"的自信与豪迈，近年来才回头参悟南宗之禅，"菩提本无树，明镜亦非台。本来无一物，何处惹尘埃"，六祖惠能的禅学思想正是无念为宗、定慧等学。

> 人生何所欲，所欲唯两端。
> 中人爱富贵，高士慕神仙。
> 神仙须有籍，富贵亦在天。
> 莫恋长安道，莫寻方丈山。
> 西京尘浩浩，东海浪漫漫。
> 金门不可入，琪树何由攀。
> 不如归山下，如法种春田。

> 种田计已决，决意复何如。
> 卖马买犊使，徒步归田庐。
> 迎春治耒耜，候雨辟菑畲。
> 策杖田头立，躬亲课仆夫。
> 吾闻老农言，为稼慎在初。
> 所施不卤莽，其报必有余。

上求奉王税，下望备家储。

安得放慵惰，拱手而曳裾。

学农未为鄙，亲友勿笑余。

更待明年后，自拟执犁锄。

三十为近臣，腰间鸣佩玉。

四十为野夫，田中学锄谷。

何言十年内，变化如此速。

此理固是常，穷通相倚伏。

为鱼有深水，为鸟有高木。

何必守一方，窘然自牵束。

化吾足为马，吾因以行陆。

化吾手为弹，吾因以求肉。

形骸为异物，委顺心犹足。

幸得且归农，安知不为福。

况吾行欲老，瞥若风前烛。

孰能俄顷间，将心系荣辱。

——《归田三首》

  "不如归山下，如法种春田"与"我本山中人，误为时网牵"一样，又仿佛让人看到了陶渊明《归园田居》的倒影。

诚然，在下邽，白居易读陶诗，学佛法，也算是正式开启了乐天知命，退而求其次，力求"中隐"的后半生。

如《归田三首》所写，白居易效仿陶渊明，效仿的不仅有性情、思想、处世之道，还有诗文风格。

元和七年（公元 812 年）的春天，深知人生在世，富贵功名、长寿永年两者不可强求的白居易，开始练习成为一个地道的农夫。

他卖掉了马，换成了在乡间更具实用价值的牛。每天步行到田间，虚心向村里有经验的老农请教，如何打造农具，如何遵循时令，如何锄地种豆，如何驾驭犁耙，如何播种水稻……

他相信只要严格依照方法执行，每日勤勉劳作，就一定可以获得丰收，除上缴税收之外，还能为家人们储备一些粮食。

他给自己定了一个需要用一年时间完成的小目标，到明年春天，要熟谙各种农事，还要亲自踏上犁耙，号令一头牛，让其与自己心有灵犀。

行走在大地上，躬耕于水田间，他似乎荣辱两忘，已经想通了。

若有朋自长安来，赠马赠钱赠物，问起白居易住在哪里，人家会说，农田深处，高个黑脸，头发斑白，正在锄地的那位便是——"谷苗深处一农夫，面黑头斑手把锄。

何意使人犹识我，就田来送相公书"。

与稻田打交道时，白居易认为，生死有命，富贵在天，人生境遇，是贫穷，是通达，都不必太过介怀。就像他那双曾经在慈恩塔下金榜题名、在金銮殿上草拟诏书的手，现在，每天与谷苗打交道，似乎也同样可以挥舞着锄头，在大地上种豆如写诗。

晴耕雨读之余，白居易用诗句记录了当时的田园生活，也认为只有忘掉机心，才能发现其中的美好与温暖，字字句句间，诗意如白鹭拂过烟火人间。

他在《溪中早春》写道："南山雪未尽，阴岭留残白。西涧冰已消，春溜含新碧。东风来几日，蛰动萌草坼。潜知阳和功，一日不虚掷。爱此天气暖，来拂溪边石。一坐欲忘归，暮禽声喷喷。蓬蒿隔桑枣，隐映烟火夕。归来问夜餐，家人烹荠麦。"

他想起曾经在秋天的夜间，去田间地头看月亮，看到荞麦花开，如新雪降临，于是把那样澄澈的心情记录在《村夜》里："霜草苍苍虫切切，村南村北行人绝。独出前门望野田，月明荞麦花如雪。"

从诗里也可以看到，白居易与当地村民的关系很不错。一个秋日，他带着侄儿去塬上散步（当时白行简已赴剑南节度使幕府从事文书工作，儿子龟儿便由白居易照看），看着新枣的颜色将红未红，空气中飘来瓜果的香气，附近的老农热情地向他打招呼，喊他去吃酒食瓜。最后自然是乐呵呵地去了，回去时，大风吹暮色，树梢里蝉鸣如雨，落满心头。

> 桂布白似雪，吴绵软于云。
>
> 布重绵且厚，为裘有余温。
>
> 朝拥坐至暮，夜覆眠达晨。
>
> 谁知严冬月，支体暖如春。
>
> 中夕忽有念，抚裘起逡巡。
>
> 丈夫贵兼济，岂独善一身。
>
> 安得万里裘，盖裹周四垠。
>
> 稳暖皆如我，天下无寒人。
>
> ——《新制布裘》

元和八年（公元 813 年）十二月，金氏村下了一场大雪。大雪连降五日，天地尽白。

白居易穿着妻子为自己缝制的新裘衣，想起村里贫苦的百姓，内心惭愧不已。

那裘衣是用朋友寄来的桂地棉布与吴地棉花一针一线制成的。白居易心里想的是，天下还有那么多忍饥受冻的人，他们要如何熬过严寒？他一度想兼济天下，但真正到了困顿之时，方知独善其身是如此之难！那一刻，他也终于发现，自己的愁绪已经联结了杜甫的哀伤——"安得广厦千万间，大庇天下寒士俱欢颜"。

还有《观稼》："自惭禄仕者，曾不营农作。饱食无所劳，何殊卫人鹤。"

还有落在《夜坐》里的长吁短叹："庭前尽日立到夜，灯下有时坐彻明。此情不语何人会，时复长吁一两声。"

春去秋来，为谁断肠立黄昏？槐花纷纷扬扬，与内心的愁苦一起落入《暮立》中："黄昏独立佛堂前，满地槐花满树蝉。大抵四时心总苦，就中肠断是秋天。"

在一个漫长的雨季，白居易又开始效仿陶渊明，酿酒，饮酒，试图忘却世事。

他在《效陶潜体诗十六首并序》中写道："余退居渭上，杜门不出。时属多雨，无以自娱。会家酝新熟，雨中独饮，往往酊醉，终日不醒。懒放之心，弥觉自得。故得于此，而有以忘于彼者，因咏陶渊明诗，适与意会，遂效其体，成十六篇。醉中狂言，醒辄自哂，然知我者，亦无隐焉。"

佛法可参禅，陶诗可澄怀。杯中之物，一饮可解千愁。只是人人都爱陶渊明，却少有人真正愿意成为陶渊明。白居易也一样。

他效仿陶渊明，正是因为无法真正抵达陶渊明。

譬如饮酒，陶渊明是"一觞虽独尽，杯尽壶自倾"；白居易是"临觞忽不饮，忆我平生欢"，到底还是情深意长，无法放下。

譬如种豆，陶渊明是"种豆南山下，草盛豆苗稀"，豆苗稀，便觉得草真好看，黄昏时分，扛着锄头回家，踩在小路上，又感觉尘世轻如月光；白居易是"种豆南山下，雨多落为萁"，看着豆荚烂在地里，想起家中的口粮，不禁一声叹息，只觉得伤感。

而人一伤感、一肠断，就入世了——更何况，他心里还装着天下百姓呢！

十四　再见『故我』

从今以后，属于白居易的理想之心已尽化灰烬，撒在长安的朝堂之中，以祭奠曾经寒窗苦读、壮志凌云的岁月。世事从今口不言，世间只有白乐天。

元和九年（公元 814 年）冬，下邽的寒梅正在吐蕊，暗香浮动冰雪之中，忽有春信随风而至——在京城多位朋友的援引下，白居易终于等到了补官还朝的诏命。

这时，离白居易回乡丁忧，已经过了将近四年的时间。

按照正常的流程，官员丁忧二十七个月即可回朝任职——譬如元稹，在宰相裴垍的帮助下，丁忧期满即回朝任监察御史。但自从元和六年裴垍过世，白居易和元稹就失去了仕途上最大的靠山。三年来，朝中风云变幻，直至元和九年冬，素来不喜欢白居易的宰相李吉甫病故，白居易回朝才出现一丝转机。

十二月二十五日，裴垍昔日的预言变成了现实，他生前看好的韦贯之果然拜相了。

史书记载，韦贯之注重提拔实干的人才，拜相之前还上奏宪宗，认为礼部侍郎重于宰相，宪宗问："侍郎是宰相所任，怎会重于宰相？"韦贯之回道："但侍郎是为陛下选拔宰相的人。"宪宗很是满意。不久后，韦贯之就填补了李吉甫的位置。

白居易回朝后诏授左赞善大夫，官阶为五品，属于太子东宫的文官。不过，讽刺的是，按照唐代律法，东宫官员每天都要与其他官员一起上朝，却没有过问朝政的权利。

白花冷澹无人爱，亦占芳名道牡丹。

应似东宫白赞善，被人还唤作朝官。

——《白牡丹》

元和十年（公元815年）的春天到来了。

牡丹的馥郁香气又充盈在了长安城的空气中。

这个春天，深色的牡丹依旧是价值千金的主角，深受人们追捧，白牡丹依旧被人冷落，赏者寥寥。

而白居易却通过白牡丹的遭遇，看到了自己的境况，让情绪有了共振。

　　白牡丹分明颜如白玉，姿态素雅，性情淡泊，却没有人懂得欣赏这样的美。世人皆知，"唯有牡丹真国色，花开时节动京城"，被人冷落的牡丹，还是牡丹吗？

　　白居易呢，分明有青云之志、王佐之才，却被安排在东宫做一个不能参政的闲官，偏偏还要每天上殿，被人称作朝官，实则有口难言，痛苦至极。不能参与政事的朝官，还是朝官吗？

　　白牡丹与白赞善，境遇如此相似。

　　而能看到这相似境遇的人，无非是理想之火未灭吧。

　　所以，当朝中有不平之事发生时，白居易忘记了律法的约束，选择为正义发声，终于引火上身。

　　翻开史册，元和十年（公元 815 年）六月初三那一页，当血迹斑斑。

　　是日凌晨时分，天色未明，更鼓的声音还在长安城的空气里荡漾，与往常一样，宰相武元衡骑马从靖安里前往大明宫上朝。

　　晨风也与往常一样，除了偶尔掠过的几丝凉意。

　　两名随从打着相府的灯笼走在前面探路，清亮的马蹄声落在耳际，令人无端地感到踏实。那匹由西域进贡的良驹，是宪宗给铁腕宰相的奖励——宪宗志在削藩，集权于中央，放眼朝堂，宰相武元衡和御史中丞裴度无疑是他最得力的助手。

一行人继续向前走，灯笼的光透过大大的"武"字，像液态的琥珀一样泼洒在东门的街道上。

突然，数支暗箭刺破稀薄的夜色，朝武元衡一行扑面而来，两名随从应声倒下，灯笼被扑灭，几名刺客从一旁冲出，用大刀迅速砍下尚来不及呼救的武元衡的头颅，然后留下字条提头扬长而去。

整个刺杀过程干净利落，大唐铁腕宰相从出门到殒命，不过一眨眼工夫。三人一马出门，幸存的只有那匹西域名马。

武元衡被刺后，那匹马身上带着主人迸流的血浆，一路奔向宫门，纵身长嘶，一场惊天血案随之震惊天下。

无独有偶，就在武元衡遇刺的时候，裴度也遭遇了行刺，差点丧命。

刺客同样选择在裴度上朝的路上下手。通化坊门外，刺客对着裴度连劈三剑，一剑砍断鞍带，一剑刺入背部，最后一剑直砍头顶——幸而前一日有客从淮南来，献给裴度一顶新毡帽，帽顶十分厚实坚韧，才使得剑伤未入颅骨。

裴度落马跌入沟中，此时刺客以为裴度已死，便疾呼道："再取中丞裴某头！"随从王义见势大声呼救，又挡住刺客，与刺客展开搏杀，最后刺客砍断王义双臂逃走。

一日之间，一位大唐宰相被刺杀于大街之上，头颅不翼而飞，一位股肱之臣身受重伤，命悬一线，贼子之残忍之嚣张闻所未闻，血案更如白日雷霆，朝野上下，莫不震惊惶怖。

而幕后主使昭然若揭，史书上记载：元和十年夏，淄青节度使李师道反，遣刺客伏靖安坊东门，害相国。

在此之前，淮西节度使吴元济谋反，主战并负责平乱之人正是武元衡。淄青节度使李师道、成德节度使王承宗为救吴元济，也是为救日后的自己，密谋刺杀武元衡等主战大臣，借机震慑其他宰相，瓦解天子征讨藩镇的决心。

于是有人噤若寒蝉，不敢发声，他们想的是刺客留下的字条："勿先捕我，我先杀汝！"刺客之声，即藩镇之态度。李师道管辖十二州，树大根深，且藐视朝廷已久，谁知道他会不会成为下一个安禄山呢？

有人义愤填膺，恨不得立擒贼子，他们想起的是天下道义何在，是王朝权威被辱，是为帝国的栋梁报仇雪恨。实则也是站在叛乱藩镇的对立面，积极维护帝国的皇权。

白居易清晨得知消息，上午便自请谏纸，奋笔疾书，第一个上奏中书省，主张搜捕刺客，严惩主凶，以儆效尤。

……盗杀右丞相于通衢中，迸血髓，磔发肉，所不忍道。合朝震栗，不知所云。仆以为书籍以来，未有此事，国辱臣死，此其时耶？苟有所见，虽畎亩皂隶之臣，不当默默，况在班列，而能胜其痛愤耶？……

——《与杨虞卿书》

从一年后白居易写给杨虞卿的信中可以看到，当时的白居易并非忘记了律法的约束，而是急请捕贼，以雪国耻，明知不可为而为之。

他的心里堆积着火山熔岩一般的悲痛与气愤，不吐不快。

如此一来，朝中便立即有人弹劾，声称白居易不过是东宫闲官，居然越职谏政，简直是目无律法，蔑视天子："丞、郎、给、舍、谏官、御史尚未论请，而赞善大夫何反忧国之甚也？"

白居易不客气地反击道："赞善大夫诚贱冗耳，朝廷有非常事，即日独进封章，谓之忠，谓之愤，亦无愧矣，谓之妄，谓之狂，又敢逃乎？且以此获辜，顾何如耳？"

只是白居易没有想到，加在他身上的罪名，除了"宫官非谏职，不当先谏官言事"一条，还有一条"不孝"的诬告，认为他有伤礼教，不配再位列朝班。

白居易写过一首《赏花》，一首《新井》，那两首诗被他的政敌们翻了出来，别有用心地呈现在皇帝的面前："其母因看花坠井而死，而居易作《赏花》及《新井》诗，甚伤名教，不宜置彼周行。"

欲加之罪，何患无辞？实际上，那两首诗都是白居易多年前在盩厔任县尉时所写。

但当时，朝中已经没有人敢为白居易鸣冤。

是年春，宪宗有起用"永贞党人"之意，将柳宗元、刘禹锡、元稹等人召回朝中，然而新的诏命尚未下达，他们就已被人排挤出京，罪名为"语涉讥讽，执政不悦"。

对方择出了柳宗元的诗《诏追赴都二月至灞亭上》："十一年前南渡客，四千里外北归人。诏书许逐阳和至，驿路开花处处新。"声称柳宗元依旧对十一年前的贬谪心生怨恨。

还有刘禹锡的《元和十年自朗州至京戏赠看花诸君子》："紫陌红尘拂面来，无人不道看花回。玄都观里桃千树，尽是刘郎去后栽。"被指轻狂不知感恩。

结果，宪宗大怒，柳宗元被流放柳州，四年后即离世，年仅四十七岁；刘禹锡被流放连州，一度贫病交加；元稹再次遭贬，被流放通州，独行蜀道，感染瘴疾，终生不曾康复。

几个月后，这样卑鄙的手段又一次用在了白居易的身上。

白居易很快被贬为江州（今江西九江市）刺史，就在他收拾行囊，打算远赴江州的时候，怎料中书舍人王涯再次上疏，认为白居易所犯状迹，不宜治郡——白居易又被贬为江州司马。

　　王涯，正是白居易曾经热心帮助过的人——落井下石，杀人诛心，人性之恶，怎不令人心寒胆战？

　　而更令人寒心的，是他愿意为之肝脑涂地的君主，却愿意相信流言与小人的构陷。

乐天乐天，来与汝言。

汝宜拳拳，终身行焉。

物有万类，锢人如锁。

事有万感，爇人如火。

万类递来，锁汝形骸。

使汝未老，形枯如柴。

万感递至，火汝心怀。

使汝未死，心化为灰。

乐天乐天，可不大哀，汝胡不惩往而念来。

人生百岁七十稀，设使与汝七十期。

汝今年已四十四，却后二十六年能几时。

汝不思二十五六年来事，疾速倏忽如一瞬。

往日来日皆瞥然，胡为自苦于其间。

乐天乐天，可不大哀。

而今而后，汝宜饥而食，渴而饮；昼而兴，夜而寝；无浪喜，无妄忧；病则卧，死则休。

此中是汝家，此中是汝乡，汝何舍此而去，自取其遑遑。

遑遑兮欲安往哉，乐天乐天归去来。

——《自诲》

自诲，自我教诲也。

去江州之前，四十四岁的白居易写下这首《自诲》，内心百感交集，也对中原万千不舍。

"乐天乐天"，苦口婆心，一声又一声，匪面命之，言提其耳，就像是心如死灰、洞若观火的"今我"对满怀热血、不知轻重、不识人心的"故我"的谆谆教诲，又像是"今我"对"故我"的一个告别。

你好，下半生。

你好，白乐天。

从今以后，属于白居易的理想之心已尽化灰烬，撒在长安的朝堂之中，以祭奠曾经寒窗苦读、壮志凌云的岁月。

世事从今口不言，世间只有白乐天。

而白乐天在世，不过是饥来吃饭困来眠，病来则卧死则休。

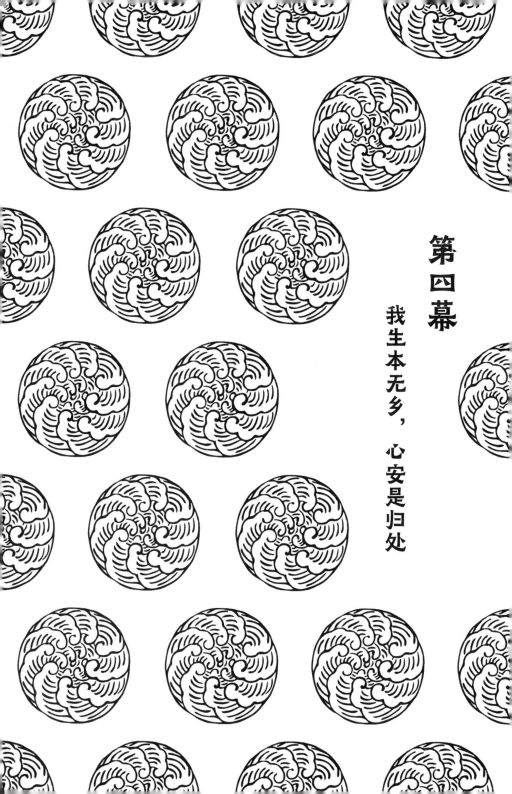

第四幕

我生本无乡，心安是归处

十五 晚来天欲雪，能饮一杯无

他在竭力抚平心绪，希望抵达进退自如的境界，也似乎依旧在等待时机，把被贬视为韬光养晦的机会。昔日志在兼济，如今行在独善，是退而求其次，也是退一步，天高任鸟飞。

元和十二年（公元 817 年）的某个冬日，江州，庐山，香炉峰下，白居易端坐草堂之中，守着他的红泥小火炉，温一壶酒，等一个人。

酒是新的。在炉火上泛起了泡沫，色泽微绿，细似蚂蚁，声音如松风涌动，飒飒然，清幽在耳。

人是旧的。对方是刘十九，白居易的故友，可一起饮酒、一起吃茶，亦可一起抚琴、一起写诗，到了夜间，听雪一片一片落在松枝上、竹叶上，天地之间皆静默，而故人对坐，坐得两鬓雪意簌簌，内心长出春山。

窗外暮色摇落，风雪欲来，白居易往炉子里添了一块木炭，酒香慢慢发散，乳白色的雾气升腾在屋子里，暖意直扑纸窗。

> 绿蚁新醅酒，红泥小火炉。
>
> 晚来天欲雪，能饮一杯无？
>
> ——《问刘十九》

江州司马只是一个闲散的地方小官，没有什么权力，便也没有什么公务。时间突然大段大段空下来，白居易正好整理诗作，以类分卷目：

担任左拾遗期间写下的"美刺兴比者"为讽喻诗；

"或退公独处，或移病闲居，知足保和，吟玩情性者"为闲适诗；

"事物牵于外，情理动于内，随感遇而形于叹咏者"为感伤诗；

"五言、七言、长句、绝句，自一百韵至两百韵者"为杂律诗。

《问刘十九》正是白居易闲适诗的代表作。

天地清静寂然，心中暖意弥漫，这首小诗流传至今，世人评价甚高，也一直被人们所钟爱，如《唐诗三百首》云："信手拈来，都成妙谛，诗家三昧，如是如是。"《唐诗评注读本》则说："用土语不见俗，乃是点铁成金手段。"

这首小诗，就像江州的一个时光切片，折射出了白居易后半生诗歌的风格走向，也让我们看到了他的生活状态与精神世界。

所谓大道至简，大美至真，其朴素的情感，中国式的浪漫，又风雅，又烟火，又古意。

在清寒的冬日，一句"晚来天欲雪，能饮一杯无"，对方便懂了。

全诗短短二十字，撇去最后一虚词，仅余十九言。十九言，却盛得下白雪天地、葱茏心事。

而刘十九何人也？

农人亦可，仙人亦可，诗人亦可，青山亦可，白鹤亦可。

据史料记载，江州庐山本名鄣山，乃天下名山，周环五百余里，终年云雾笼罩，因昔日匡俗隐沧潜景庐于此山，而被汉武帝拜为大明公，俗号庐君，山也因此得名。

对于白居易来说，庐山，更似一位精神上的故人。

那是陶渊明挂冠归隐、采菊东篱的地方，那里的月色，曾落在陶渊明的锄头上，也曾落在他的无弦琴上。

那也是李白疑似银河落九天的地方，飞瀑鸣溅，日照香炉，谪仙人的风流蕴藉，相隔多年，依旧如青山草木，历历在目。

白居易第一次来到庐山的时候，就被眼前的美景所震撼了，遂生依恋之心，久久不能忘怀。

"行年四十五，两鬓半苍苍。清瘦诗成癖，粗豪酒放狂。老来尤委命，安处即为乡。或拟庐山下，来春结草堂。"

爱上庐山之后，四十五岁的白居易便动了借山而居的念头。

因为这个念头，一个生性浪漫的生活家，成了雷厉风行的执行者——元和十二年（公元817年）三月，当庐山的温风微微有些醉人，野花开遍山谷的时候，他的草堂也落成了。

白居易的草堂位于遗爱寺边，推门即见香炉峰。不远处有瀑布，剖竹引泉，泉水晶莹剔透，且甘且甜，正宜酿酒煎茶。门前还有乔松十数株、修竹千余竿，在松下吃茶的时候，山影树影花影、泉声琴声鸟声皆可落入杯中。

从文章来看，白居易应该担任了草堂的总设计师。草堂冬暖夏凉，风景清幽，兼具实用功能与审美情趣。原木，土墙，石阶，纸窗，竹帘，纩帏，木榻，素屏，漆琴……庐山草堂，又俨然"侘寂"风格的雏形，也可以看到日本朴素美学的根柢，是一种返璞归真，从外到内，从静到寂，如寒梅于月夜雪晨开放、凋落。

"声来枕上千年鹤，影落杯中五老峰。更愧殷勤留客意，鱼鲜饭细酒香浓。"住在这样的地方，也难怪白居易会"进不厌朝市，退不恋人寰"，请庐山的清泉白石为自己作证，"司马岁秩满，出处行止，得以自遂，则必左手引妻子，右手抱琴书，终老于斯，以成就我平生之志"。

因为住在美好的地方，与日月山川诗酒茶花为友，远离了尔虞我诈的环境，白居易的性情也随之变得淡泊与平和。通常只要在草堂住上一宿，他就感觉身体变得十分舒畅；住上两夜，便感觉心情变得恬淡悠然；住上三天，更是心旷神怡，物我两忘。

可见庐山草堂抚慰了白居易在仕途受伤的心，让他生出了终老此山的愿望，也让他的精神与生活变得自洽与自如。

元和十年（公元 815 年），刚到江州的时候，白居易依旧沉溺于悲愤之中，给元稹写诗，把彼此比喻成囚笼中的鸟、兽槛里的猿，事事无成身先老，壮志未酬心已灰。

"壮志郁不用，须有所泄处"，于是白居易夜以继日地写诗，成了为诗入魔的醉吟先生："两鬓千茎新似雪，十分一盏欲如泥。酒狂又引诗魔发，日午悲吟到日西。"

岁暮天寒，在江州安顿下来的白居易又给元稹写了一封长信，名为《与元九书》，洋洋数千言，半生心路，历历可数："知我者以为诗仙，不知我者以为诗魔。何则？劳心灵，役声气，连朝接夕，不自知其苦，非魔而何？偶同人当美景，或花时宴罢，或月夜酒酣，一咏一吟，不觉老之将至。"

知我者谓我心忧，不知我者谓我何求，幸有诗酒可托寸心，可消永日。

白居易信中还写道："大丈夫所守者道，所待者时。时之来也，为云龙，为风鹏，勃然突然，陈力以出；时之不来也，为雾豹，为冥鸿，寂兮寥兮，奉身而退。进退出处，何往而不自得哉！"

他在竭力抚平心绪，希望抵达进退自如的境界，也似乎依旧在等待时机，把被贬视为韬光养晦的机会。昔日志在兼济，如今行在独善，是退而求其次，也是退一步，天高任鸟飞。

浔阳江头夜送客，枫叶荻花秋瑟瑟。
主人下马客在船，举酒欲饮无管弦。
醉不成欢惨将别，别时茫茫江浸月。
忽闻水上琵琶声，主人忘归客不发。
寻声暗问弹者谁？琵琶声停欲语迟。
移船相近邀相见，添酒回灯重开宴。

千呼万唤始出来，犹抱琵琶半遮面。

转轴拨弦三两声，未成曲调先有情。

弦弦掩抑声声思，似诉平生不得志。

低眉信手续续弹，说尽心中无限事。

轻拢慢捻抹复挑，初为霓裳后六幺。

大弦嘈嘈如急雨，小弦切切如私语。

嘈嘈切切错杂弹，大珠小珠落玉盘。

间关莺语花底滑，幽咽泉流冰下难。

冰泉冷涩弦凝绝，凝绝不通声暂歇。

别有幽愁暗恨生，此时无声胜有声。

银瓶乍破水浆迸，铁骑突出刀枪鸣。

曲终收拨当心画，四弦一声如裂帛。

东船西舫悄无言，唯见江心秋月白。

沉吟放拨插弦中，整顿衣裳起敛容。

自言本是京城女，家在虾蟆陵下住。

十三学得琵琶成，名属教坊第一部。

曲罢曾教善才服，妆成每被秋娘妒。

五陵年少争缠头，一曲红绡不知数。

钿头银篦击节碎，血色罗裙翻酒污。

今年欢笑复明年，秋月春风等闲度。

弟走从军阿姨死，暮去朝来颜色故。

门前冷落鞍马稀，老大嫁作商人妇。

商人重利轻别离，前月浮梁买茶去。

去来江口守空船，绕船月明江水寒。

夜深忽梦少年事，梦啼妆泪红阑干。

我闻琵琶已叹息，又闻此语重唧唧。

同是天涯沦落人，相逢何必曾相识！

我从去年辞帝京，谪居卧病浔阳城。

浔阳地僻无音乐，终岁不闻丝竹声。

住近湓江地低湿，黄芦苦竹绕宅生。

其间旦暮闻何物？杜鹃啼血猿哀鸣。

春江花朝秋月夜，往往取酒还独倾。

岂无山歌与村笛，呕哑嘲哳难为听。

今夜闻君琵琶语，如听仙乐耳暂明。

莫辞更坐弹一曲，为君翻作琵琶行。

感我此言良久立，却坐促弦弦转急。

凄凄不似向前声，满座重闻皆掩泣。

座中泣下谁最多？江州司马青衫湿。

——《琵琶行》

元和十一年（公元 816 年）秋，白居易送客湓浦口，遇长安妓人，漂沦憔悴，转徙于江湖间，芦花瑟瑟，江心月白，一曲琵琶，如珠玉裂帛，诉尽平生不得志，令江州司马泪湿青衫。

彼时，在白居易心里，自己是与琵琶女同病相怜的天涯沦落人，也是相逢何必曾相识的知音。

就像他在市集上看到有小孩儿在卖大雁，于是买下大雁放生。大雁南飞，一如北人被流放到南方："我本北人今遣谪，人鸟虽殊同是客。"

元和十二年（公元 817 年）初，宪宗决意征讨淮西节度使吴元济，为武元衡宰相报仇。白居易得到消息后倍感激动，老夫聊发少年狂，顿生请缨沙场之意。待冷静下来，想着自己不过是一个浔阳迁客，早已被朝廷所弃，便只能黯然苦笑，将心事记录在《元和十二年淮寇未平诏停岁仗愤然有感率尔成章》中："闻停岁仗轸皇情，应为淮西寇未平。不分气从歌里发，无明心向酒中生。愚计忽思飞短檄，狂心便欲请长缨。从来妄动多如此，自笑何曾得事成。"

以上种种，便也可以说，白居易后半生的知足保和，是从庐山草堂开始的。

元和十二年三月二十七，白居易携妻子杨氏、侄儿阿龟以及小女阿罗从江州贬所正式搬到庐山草堂居住。

山中日月，白云为乡，一家四口的新生活开始了。

四月九日，热情好客的白居易邀请友人们来新家做客，大家吃酒写诗，共叙衷肠，不亦乐乎。

有意思的是，那次来草堂的客人共二十二名，其中僧人道士便占了半数。

　　　　人间四月芳菲尽，山寺桃花始盛开。

　　　　长恨春归无觅处，不知转入此中来。

　　　　　　　　　　　　　　　——《大林寺桃花》

　　是日，白居易又与客人们一起访东西二林寺庙，登香
炉峰，最后留宿于大林寺。

　　大林寺山高林深，人迹罕至，四周清流苍石，短松瘦
竹，寺内板屋木器，别有洞天。当时分明已近初夏，寺中
却是初春景象，青草初发，桃花初绽，犹如踏入另外一个
世界，时间在此处变得缓慢，人物风候与山外皆大为不同。

　　众人不禁感叹："此地实匡庐间第一境也！"

　　然而纵然庐山有此仙地胜景，由驿路至山门也不过半
日路程，寺中除却僧人，却是经年寂寥，无人来访。想来，
还是名利的诱惑太大，大林寺的桃花，便注定只能在无人
问津的山中，孤芳自赏。

　　不知白居易有没有从大林寺的桃花身上，看到自己的
境况，但可以确定的是，白居易在江州结交了不少新朋友，
其中还有很多僧人和道士，通过与朋友的交往，他的心境，
也变得愈发淡然与安宁。

翻阅他的诗文便会发现，来到江州之后，他的笔下多了烟火气、闲适气，少了锐气、少年气。

他感觉自己与陶渊明更接近了。他去柴桑访陶公旧宅，也是第一个为陶渊明旧宅题诗的人："我生君之后，相去五百年。每读《五柳传》，目想心拳拳。昔常咏遗风，著为十六篇。今来访故宅，森若君在前。不慕樽有酒，不慕琴无弦。慕君遗荣利，老死此丘园。"

他生性浪漫柔软，看到山中杜鹃盛开，会想起远在通州的元稹。山中无所寄，唯有一片心："题诗报我何所云，苦云色似石榴裙。当时丛畔唯思我，今日栏前只忆君。忆君不见坐销落，日西风起红纷纷。"

在夏秋之交的夜晚，他在草堂池畔看荷花，一时兴起，便写《招东邻》诗喊邻居一起过来饮酒赏月："小榼二升酒，新簟六尺床。能来夜话否，池畔欲秋凉。"

在江州，他写下《暮江吟》，心如江水，一片远意："一道残阳铺水中，半江瑟瑟半江红。可怜九月初三夜，露似真珠月似弓。"

他勤习佛法，与寺中的僧人一起吃住，打坐论禅，接受斋戒，想从佛教中求得清净与自在，剔除人性中的贪嗔痴慢疑："辞章讽咏成千首，心行归依向一乘。坐倚绳床闲自念，前生应是一诗僧。"

他也向江州的道士们虚心请教炼丹的方法，又四处寻求配方，在草堂亲自尝试炼丹。在《寻王道士药堂因有题赠》中，他写道："行行觅路缘松峤，步步寻花到杏坛。白石先生小有洞，黄芽姹女大还丹。常悲东郭千家冢，欲乞西山五色丸。但恐长生须有籍，仙台试为捡名看。"不过对于长生之术，他一直将信将疑，是"得之我幸，失之我命"的态度，并未形成执念，也从未服用丹药。因为机缘巧合，他的炉鼎坏掉，炼丹不得不以失败告终……

白居易还是儒家思想的继承者与奉行者，"达则兼济天下，穷则独善其身"，他一生将以文载道的士大夫精神发挥到了极致。

唐代儒释道三教并行，在白居易身上，已然得到了充分的体现——"佛为心，道为骨，儒为表"，这也是白居易后半生的处世哲学、思想根系与情感倾向。

十六　大抵心安即是家

长安，山河千里，城阙九重，那个他曾经踮脚仰望的地方，正在召唤他回去。但不知为何，那一刻，他拿着调令，望着自己亲手种下的花树，竟一时情怯起来，不知是喜是忧。

元和十三年（公元 818 年）十二月，就在白居易打算在江州度过余生的时候，朝廷的一纸诏书又改变了他的命运轨迹——"量移忠州刺史"。

忠州（今重庆忠县）在巴蜀之地，山长水远，白居易收到量移诏书后可谓五味杂陈，悲欣交集。

他本以为自己会在江州终老此生——亲近佛法，修筑草堂，学习炼丹，为诗着魔，本质上都是想让心中那团理想的火苗寂灭下来。

在江州数年，从当初的幽怨与抵触，到怀有深情与依恋，又有多少人懂得他经历的苦与甘？

他本以为昔日离开长安，亲历心痛与绝望，已经亲手把身体里不羁的傲骨一寸一寸磨成了齑粉，却没有想到朝中人事变迁，裴垍生前亲信、他的故友崔群七月拜中书侍郎、同中书门下平章事（宰相），曾诋毁他的王涯八月则被贬兵部侍郎，又为他的仕途带来了转机。

他本以为自己功名利禄皆放下，住在草堂，与家人兄弟在一起（白幼文病故后，白行简到江州与兄长相聚，后又同赴忠州），内心已足够清澈澄明，却没想到收到诏书时，心湖依旧风浪迭起，久久不可平息。

> 提拔出泥知力竭，吹嘘生翅见情深。
> 剑锋缺折难冲斗，桐尾烧焦岂望琴。
> 感旧两行年老泪，酬恩一寸岁寒心。
> 忠州好恶何须问，鸟得辞笼不择林。
>
> ——《除忠州寄谢崔相公》

与诏书同来江州的，还有崔群的信件。

原来崔群在宪宗面前力荐白居易，而宪宗也顾念白居易之才，于是便有了那份量移诏书。

令白居易尤为感动的是，崔群在信中叹息，只是忠州离长安遥远，没能为白居易争取到更好的量移之处。

白居易写诗寄给崔群，感谢故友的深情厚谊。何以为报？唯有两行老泪。并声称自己本是笼中之鸟，既然有人帮忙打开了笼子，自然不会在意外面是不是心仪的那片森林。

那么何以报答皇帝不弃之恩？在《忠州刺史谢上表》中，白居易写道："誓当负刺慎身，履冰励节，下安凋瘵，上副忧勤，未死之间，期展微效。局身地远，仰首天高，蝼蚁之诚，伏希怜察。无任感激恳款彷徨之至，谨遣某官某乙奉表陈谢以闻。臣某诚惶诚恐，顿首顿首，谨言。"

这也是忠州刺史白居易上任时对朝廷的承诺，以松柏之心、蝼蚁之诚，勤政清廉，为国分忧。

事实证明，他是一字不漏地做到了。

元和十四年（公元 819 年）春，白居易携家人走水路赴忠州上任。

元稹则由通州司马迁虢州长史，正沿长江而下。

三月十一日，元、白各自船泊夷陵，相隔四年，竟意外相逢。"沣水店头春尽日，送君上马谪通川。夷陵峡口明月夜，此处逢君是偶然。"

是夜，白氏兄弟与元稹执手共诉衷肠，饮酒赋诗，直至月光西斜，晨星闪现。翌日，因怕误了行程，只能含泪惜别。元稹掉转船头，送白氏兄弟到下牢关。依依不舍之际，三人下船步行到崖岸缺口处，竟发现一个无名石洞，洞内犹如仙境，妙不可言。

白居易后来把洞内景色写了下来："仰睇俯察，绝无人迹，但水石相薄，磷磷凿凿，跳珠溅玉，惊动耳目。自未讫戌，爱不能去。俄而峡山昏黑，云破月出，光气含吐，互相明灭，昌荧玲珑，象生其中。虽有敏口，不能名状。"

为纪念那次相遇，白居易便将三人同游的无名山洞取名为"三游洞"，三人又各自赋诗，题写在洞中石壁上，希望将来有知音前来，记取他们千年难遇的缘分与情意。

果然，到了北宋年间，一个叫苏轼的人，与父亲和弟弟一起从眉山前往中原赶考，过下牢关，入"三游洞"，看到自己仰慕的白居易写下的诗篇，激动得久久不能言。他前半生是苏轼，后半生是苏东坡，而无论是那个名震天下的名号，还是"中隐""此心安处是吾乡"的人生思想，以及诗词风格，对琴棋书画诗酒花、世间一切美物的癖好，都与白居易和忠州息息相关。

持钱买花树，城东坡上栽。
但购有花者，不限桃杏梅。
百果参杂种，千枝次第开。

天时有早晚，地力无高低。

红者霞艳艳，白者雪皑皑。

游蜂逐不去，好鸟亦栖来。

前有长流水，下有小平台。

时拂台上石，一举风前杯。

花枝荫我头，花蕊落我怀。

独酌复独咏，不觉月平西。

巴俗不爱花，竟春无人来。

唯此醉太守，尽日不能回。

东坡春向暮，树木今何如。

漠漠花落尽，翳翳叶生初。

每日领童仆，荷锄仍决渠。

划土壅其本，引泉溉其枯。

小树低数尺，大树长丈余。

封植来几时，高下齐扶疏。

养树既如此，养民亦何殊。

将欲茂枝叶，必先救根株。

云何救根株，劝农均赋租。

云何茂枝叶，省事宽刑书。

移此为郡政，庶几氓俗苏。

——《东坡种花二首》

忠国事，劳民事，劝农生产，鼓励农桑，身先躬行，省事宽刑，怜老爱子，开山修路，植树种花，与民同苦乐……相隔千年，如今在忠州，白居易的政绩与故事依旧妇孺皆知。

据说白居易曾见一位老翁寒冬行路，脚上仅穿一双草鞋，便脱下自己的棉鞋相赠；见另一八十老翁没有冬衣穿，便再三赠送过冬衣物，接济钱粮。还说白居易将长安的烤饼手艺带到了忠州，教会了当地百姓，百姓为了感谢白居易，便将烤饼取名为"香山蜜饼"……

从《东坡种花二首》中也依稀可以看到白居易治理忠州的理念，一方州郡，民为根本，养民，一如养树，只有根株苗壮才能繁茂，继而开枝散叶，生生不息。

如何才能根株苗壮？

"均赋租"，即让有钱的地主阶层多出赋税，穷苦百姓则少缴或不缴，以此减轻穷人的负担。

如何才能繁茂枝叶？

"宽刑书"，即推行仁政，及时清理积案，宽宥犯下小错的囚犯，避免严刑酷刑，慢慢降低犯罪率，让百姓更加积极地投入到劳动生产中去，繁衍生息。

　　无论海角与天涯，大抵心安即是家。
　　路远谁能念乡曲，年深兼欲忘京华。

忠州且作三年计，种杏栽桃拟待花。

——《种桃杏》

当白居易把忠州看作是自己的家，把自己真正看作是忠州的一员，对忠州付出热爱与仁心，昔日对朝廷的承诺，也就水到渠成了。

如诗中所写，在城东山坡上，白居易号召百姓种下十万花树，有桃有李有杏有柳有竹。

在《东楼竹》中，白居易写道："潇洒城东楼，绕楼多修竹。森然一万竿，白粉封青玉。卷帘睡初觉，欹枕看未足。影转色入楼，床席生浮绿。空城绝宾客，向夕弥幽独。楼上夜不归，此君留我宿。"

万竿修竹看不足，花树中则有一种木莲树，是自忠州山中移栽而来，白居易还是初次相见，也很是喜爱。

他如此写道："木莲生巴山峡谷间，巴民亦呼为黄心树。大者高五丈，涉冬不凋。身如青杨，有白文；叶如桂，厚大无脊；花如莲。香色艳腻皆同，独房蕊有异。四月初始开，自开迨谢仅二十日。"

木莲树开花的时候，他在花树下饮酒，花枝亭亭如盖，花蕊落到怀抱里，暗香浮动，令人遐思不已。他便请人画下木莲的样子，寄给长安的友人同赏。

"巴俗不爱花，竟春无人来"，在白居易来忠州之前，当地的百姓是不爱花草的。

白居易在诗中记录了初到忠州的情景："吏人生梗都如鹿，市井疏芜只抵村。一只兰船当驿路，百层石磴上州门。"

忠州是山城，乃偏远下州，处处崎岖，即便是刺史的治所，也要登上百层石阶才能抵达。

那个时候，白居易夜宿治所，听到的是当地百姓所唱的《竹枝词》，凄凉的曲调，幽幽如诉，唱着他们苦若黄连的生活。侧耳倾听，才知道是通州司马元稹曾经写下的哀怨诗歌，一字一句一哽咽，令人心痛断肠。

瞿塘峡口水烟低，白帝城头月向西。
唱到竹枝声咽处，寒猿暗鸟一时啼。

竹枝苦怨怨何人，夜静山空歇又闻。
蛮儿巴女齐声唱，愁杀江楼病使君。

巴东船舫上巴西，波面风生雨脚齐。
水蓼冷花红簇簇，江蓠湿叶碧凄凄。

江畔谁人唱竹枝，前声断咽后声迟。
怪来调苦缘词苦，多是通州司马诗。

——《竹枝词四首》

就是这样一个地方，白居易到任不到两年的时间，就变成了"三峡名郡"。

除了推行仁政，取信于民，带领百姓修路种花，白居易还到当地书院视察授课，开启崇文之风，又在丰收的第二年举办春宴，邀请百姓一起饮酒，在蛮鼓声中与民同乐。

从此，夜间不再有人唱凄苦的《竹枝词》。后人有赞誉极为贴切，说白居易在忠州政绩斐然，乃大贤之才，治理州郡，犹如慈母之保子、良医之察脉，让一方土地沐浴膏泽。

而种花，一方面源于白居易自己喜爱花草的浪漫心性，另一方面也是他希望百姓可以从心底热爱自己的故土，热爱生活，热爱自己用双手与亲人邻里共同创造的鸟语花香的新家园。

就像他爱上了忠州，其实也可以说，他爱上了自己亲手构建的忠州生活。

白居易本以为，自己会在忠州任上度过少则三年，多则十年的时间，还曾在诗中担忧，三年之后，新来的刺史会不会爱惜他与当地百姓种下的花树。怎料，元和十五年（公元 820 年）的夏天，他又接到了朝廷的新调令，让他返回长安，任尚书司门员外郎。

长安，山河千里，城阙九重，那个他曾经踮脚仰望的地方，正在召唤他回去。

但不知为何，那一刻，他拿着调令，望着自己亲手种下的花树，竟一时情怯起来，不知是喜是忧。

> 恻恻复恻恻，逐臣返乡国。
>
> 前事难重论，少年不再得。
>
> 泥涂绛老头斑白，炎瘴灵均面黎黑。
>
> 六年不死却归来，道著姓名人不识。
>
> ——《恻恻吟》

白居易到底还是回去了。

时隔六年，他又回到了久违的长安。然而一路上，他的心里都充满了悲伤。往事难追，年华易逝，人生有几个六年？

从意气风发的谏官，到蒙冤被逐出长安的谪官，从心理到外貌，他都发生了巨大的变化。

朝堂之上，同样风云变幻，疑窦重重。

是年春，宪宗因服用丹药而暴病身亡，在宦官的拥立下，太子李恒即位，是为穆宗。

按照《新唐书》里的记载，宪宗是被宦官杀死的，与其一起丧命的还有澧王李恽和神策军左军中尉吐突承璀。

穆宗登基后，裴度拜相，元稹回京一年多后亦拜相，朝廷风向似对白居易有利。

回到长安不久，白居易便由尚书司门员外郎除主客郎中，知制诰。

六月，白居易又加朝散大夫，转上柱国，妻子杨氏授弘农县君。

十月，转中书舍人，充制策考官。

遗憾的是，史称不知创业之艰难、不恤黎元之疾苦、荒淫昏庸且有弑父之嫌的新君，并没有继承他父皇励精图治、中兴大唐的志向，而是整日纵情享乐，毫无节制，甚至在朝廷上下为先皇治丧期间，依旧狩猎游嬉，大摆筵席，不免令人忧心忡忡。

而对于宪宗的死因，白居易应该是偏向于相信被宦官所害。

回京后，白行简授左拾遗，白居易经常与弟弟一起踏着槐树的浓荫进宫上朝。

那是属于白家的荣耀时刻。

但白居易的心情却十分复杂，分明是憧憬了很多年的场景，却并不觉得兴奋。

他一遍遍叮嘱弟弟，党争无情，行走朝堂，更是如履薄冰，务必品行端正，处处谨慎。"唯求杀身地，相誓答恩光"，他在诗中把朝堂比作危险的杀身之地，同时又让弟弟对皇帝保持绝对的忠诚。

那时，他已官至中书舍人，有人悄悄赠送他绢布钱财，他都概不接受。

这或许也可以理解为，他对朝堂已心生退意，而且性格刚正不阿，清廉勤勉，以及对当年蒙冤被贬的伤痕与耻辱，他始终未曾真正放下。

> 游宦京都二十春，贫中无处可安贫。
> 长羡蜗牛犹有舍，不如硕鼠解藏身。
> 且求容立锥头地，免似漂流木偶人。
> 但道吾庐心便足，敢辞湫隘与嚣尘。
>
> ——《卜居》

长庆元年（公元 821 年）春，白居易终于在长安新昌坊买下一套房，彻底结束了四处租房居住，如浮萍一样漂泊无定的生活。

在生活方面，白居易自然是知足的。

只是朝中宦官专权，党争日益激烈，目睹宦官的毒辣手段、两党之间的倾轧排挤，他便愈发想念忠州。

多年前，任制策考官的白居易给了出身寒门的牛僧孺一个进士的名额，让他有机会步入仕林，进入权力的中心。不久后，牛僧孺与同榜李宗闵一起进谏，抨击宰相李吉甫，让李吉甫的儿子李德裕心生芥蒂，从而衍生日后延绵四十年的牛李党争。

所谓牛党，即以牛僧孺、李宗闵为领袖的大多数出自寒门、通过科举入仕的官员。李党，则是以李德裕为领袖（李德裕本人并不承认），通过门荫入仕的贵族官员（也有部分是进士出身）。

翻开史书，我们可以看到，牛李两党的争斗在政治上存在深刻的分歧，譬如科举选士的方式，譬如对待藩镇的态度，实质上还是一场势不两立的权力斗争，两党彼此排挤，相互倾轧，就连皇帝都可以利用。

多年后，唐文宗不禁悲叹："去河北贼非难，去此朋党实难。"

多年后，同样是唐文宗，有心剪除身边的宦官，却反被宦官钳制软禁。宦官血洗长安后，文宗在宦官的辱骂中自比"挟天子以令诸侯"中的汉献帝，怅憾离世。

当一个国家的权力不在君王，而在朋党、宦官和藩镇手中，这对正直的士大夫来说，也无疑是对精神的损耗、对报国激情的消磨。

白居易在两党都有好友，屡次被贬谪，皆因党争之故——晚年时在洛阳，天子有意招他入朝为相，却因为他与牛僧孺的关系，被李党所厌恶，间接丢了拜相的机会。

君子群而不党，但身处朝堂，即便无任何站队之心，也会不自知地被卷入党争的旋涡之中，被别人的利益纷争所困扰，一旦站错队伍，轻则被逐出京城，重则还会有性命之虞。

换言之，在京城，虽有故友相伴，白居易获得的快乐却并不像在江州和忠州那般纯粹与安然。

> 阁下灯前梦，巴南城里游。
>
> 觅花来渡口，寻寺到山头。
>
> 江色分明绿，猿声依旧愁。
>
> 禁钟惊睡觉，唯不上东楼。
>
> ——《中书夜直梦忠州》

有一次，在中书省值夜班，灯烛之下，白居易昏昏入睡，竟梦回忠州。

在梦里，他又做回了忠州刺史，在城里游历，遇到了当地百姓，就如老友一样打招呼。他来到渡口，那里杨柳如丝，花树成堆，心情瞬间舒朗开阔。沿着弯弯曲曲的山道来到寺中，寺里的钟声犹如前生就熟稔的妙音。山下江水澄碧，水中倒映着浓密的树荫，猿声从不远处传来，又令人顿生离愁，而那离愁，也如水中的碧影，盈盈地荡漾在心头。

走过百层石阶，他正欲登上东楼办公，怎知耳边响起了宫中的禁钟，才知道原来自己身在长安，心系忠州。

此情此景不禁让人想起，赴忠州上任时，白居易与弟弟以及元稹在"三游洞"中的情景。

彼时，三人通夕不寐，迨旦将去，怜奇惜别，且叹且言。

白行简叹息道："斯境胜绝，放眼天地，能有几处？但为何此洞下面与渡口相通，却多年来寂寞无闻，被人遗忘而人迹罕至呢？"

白居易若有所思，便回："这一件事啊，其实与世间很多事一样。而世间令人叹息的，又何止这一件事呢？"

十七 江南忆，最忆是杭州

白居易造福于民之时，早已完成故我的涅槃，而世间若真有神佛，莫过于救万民于水火。

江山社稷，并非只在朝堂、君王，也在地方、百姓。

如此，"致君尧舜上"是一名士大夫的造化，"再使风俗淳"便是一个读书人难得的机缘。

昔日白居易在江州写信给元稹，勉励彼此静待时机："时之来也，为云龙，为风鹏，勃然突然，陈力以出；时之不来也，为雾豹，为冥鸿，寂兮寥兮，奉身而退。"

那么，对于长庆二年（公元822年）的白居易来说，等待时机，不如自己创造时机，跳出错综复杂的政治关系。

心为鲲鹏，乘风而去，守土安民——杭州，正好可以实现少年时的梦。

是年正月，河北藩镇作乱，白居易废寝忘食写下《论行营状》，论述用兵之策，皇帝却无动于衷。

翻开史书，当时的记载历历在目："时天子荒纵不法，执政非其人，制御乖方，河朔复乱。居易累上疏论其事，天子不能用，乃求外任。"

是年六月，朝中朋党之争愈发激烈，宰相裴度的政敌李逢吉为了打压裴度，竟利用裴度与元稹之间政见的矛盾，加以挑拨，又派人诬告元稹买凶刺杀裴度，让裴度与元稹之间彻底决裂，也让稚嫩昏庸的穆宗将裴度与元稹同时罢相。

不久后，裴度以仆射留朝，元稹外放为同州刺史，而李逢吉，则坐收渔翁之利，升为宰相。

白居易再次领教了什么叫人心险恶、不择手段，便主动请求离京，罢中书舍人，外任杭州。

他记得，自己上书的那一天，年轻的天子正带着太监们在骊山狩猎，彻夜未归。

元稹到同州后，写诗给白居易："荣辱升沉影与身，世情谁是旧雷陈。唯应鲍叔犹怜我，自保曾参不杀人。"

在诗中，元稹将他与白居易之间的感情比作是管鲍之交，感谢白居易相信自己的品行，懂得自己的苦楚，没有在小人诬告他的时候，站在他的对立面轻辱他。

《战国策》里说，孔子晚年的弟子曾参家在费地，而费地也有人名叫曾参。一日，另一个曾参杀了人，便有人告诉曾参的母亲，说曾参杀了人。曾参的母亲起先不信，因为儿子历来贤德，但有三个人都说曾参杀了人的时候，曾母也动摇了。

所以元稹引曾参之典自证清白，同时也感叹三人成虎、众口铄金的可怖。

而在白居易心里，元稹自始至终都是那个如松如竹的君子。世人对元稹误解颇深，就如误会曾参杀人，白居易心如明镜，昔日朝中小人诬告他不孝，他同样百口莫辩，他自然懂得被人处心积虑地构陷之后那种有口难言的苦痛。

白居易在诗中为元稹解忧，告诉对方不必理会那些流言蜚语，也不用太过在意外放离京，朝中凶险，不如学习范蠡和陶潜，把外放当成泛舟五湖的机会，悠然以自得：

"桃李无言难自诉，黄莺解语凭君说。莺虽为说不分明，叶底枝头谩饶舌。"

"江上易优游，城中多毁誉。分应当自尽，事勿求人恕。……范蠡有扁舟，陶潜有篮舆。"

七月十四日，白居易终于等到了赴杭州任刺史的诏书。

出长安时，他在诗中写道："朝从紫禁归，暮出青门去。勿言城东陌，便是江南路。扬鞭簇车马，挥手辞亲故。我生本无乡，心安是归处。"

他欣然赴任，以归乡之心，优游而去。

从《杭州刺史谢上表》中可以看到，当时"汴路未通"，应是汴州战事所致，白居易一家走的是襄阳水路，由汉江入长江，舟车昼夜奔驰，终于在十月一日抵达杭州，当日即上任。

杭州乃人口五十万的江南上州，湖光山色，物产富庶，郡政繁多。

白居易有诗《初领郡政衙退登东楼作》记录："鳏茕心所念，简牍手自操。何言符竹贵，未免州县劳。赖是余杭郡，台榭绕官曹。凌晨亲政事，向晚恣游遨。山冷微有雪，波平未生涛。水心如镜面，千里无纤毫。直下江最阔，近东楼更高。烦襟与滞念，一望皆遁逃。"

可见白居易在杭州任上虽公务繁忙，但工作游刃有余，内心安然愉悦。

白居易写《吾土》，则完全把自己当成了杭州人："身心安处为吾土，岂限长安与洛阳。水竹花前谋活计，琴诗酒里到家乡。荣先生老何妨乐，楚接舆歌未必狂。不用将金买庄宅，城东无主是春光。"

郡守的办公场所在钱塘东楼。西湖垂柳荡漾，钱塘江烟波浩荡，远处，就是孤山的鹤影与灵隐寺的钟声。白居易站在东楼上的时候，常疑心自己是江南风景的一部分。

江南好，风景旧曾谙。

对于杭州，白居易是有着一份特别情愫的。

少年时，白居易曾在杭州求学，寄人篱下，身份卑微，如今以郡守的身份踏上杭州的土地，从另一种意义上来说，也算是一种荣归。

如诗中写，白居易初领郡政，白天忙完公务，到了晚上，便成了优哉游哉的白乐天，恣意遨游于湖山之上、宴席之间。

西湖的碧波，大唐的风月倒映其中，每一道粼粼的波光，都回荡着诗人们的浅斟低唱，闪烁着士大夫们的旖旎绮梦。

"江南忆，最忆是杭州。山寺月中寻桂子，郡亭枕上看潮头。"

杭州的秋天，最美莫过灵隐寺的桂花与月光。桂花飘香的秋夜，白居易打马从山寺归来，闲行于西湖边，一边饮酒，一边吹着江风欣赏美景："半醉闲行湖岸东，马鞭敲镫辔珑璁。万株松树青山上，十里沙堤明月中。楼角渐移当路影，潮头欲过满江风。归来未放笙歌散，画毂门开蜡烛红。"

有时候，白居易也会乘船去孤山访寺，西湖之上，烟波浩渺，风荷万朵，白鹭翻飞，顿生幽独之心。有次遇雨，他就干脆睡在寺中："拂波云色重，洒叶雨声繁。水鹭双飞起，风荷一向翻。空蒙连北岸，萧飒入东轩。或拟湖中宿，留船在寺门。"

中秋可观钱塘潮，那是万人空巷的盛事。世人不知，最佳观潮位置，乃是郡守东楼。

长庆三年（公元 823 年）八月，元稹从同州调任浙东观察使、越州刺史。

元稹到杭州来看白居易，故友重逢，自然格外欣喜。在东楼，元、白二人饮酒赋诗，不亦快哉。到了夜间，楼外便是万家灯火，星河一道落在湖水中央，如梦似幻。

是年冬，大雪满江南。元稹寄诗给白居易，说越州的美丽，也说故人的想念："莫嗟虚老海壖西，天下风光数会稽。灵氾桥前百里镜，石帆山崦五云溪。冰销田地芦锥短，春入枝条柳眼低。安得故人生羽翼，飞来相伴醉如泥。"

白居易收到诗后，会心一笑，回寄道："可怜风景浙东西，先数余杭次会稽。禹庙未胜天竺寺，钱湖不羡若耶溪。摆尘野鹤春毛暖，拍水沙鸥湿翅低。更对雪楼君爱否，红栏碧甃点银泥。"

世上好物不坚牢，彩云易散琉璃脆。但元、白的感情，让世人看到了美好与永恒。一如元、白郡楼对雪的那段佳话，至今还在江南的风花雪月间，幽幽如诉，脉脉流转。

在《杭州刺史谢上表》中，白居易曾向皇帝表示："唯当夙兴夕惕，焦思苦心，恭守诏条，勤恤人庶，下苏凋瘵，上副忧勤。万分之恩，莫酬一二，仰天举首，望阙驰心。"

可谓治郡三年，一诺千金。

白居易一到杭州，就写信给邻郡的湖州刺史钱徽与苏州刺史李谅，与两位刺史探讨治郡良方。杭州人杰地灵，物华天宝，百姓却依旧不能免于旱涝两灾的伤害。白居易心怀报国之志，处处关怀民生，想着江南三郡鼎足而立，向同僚取长补短，定能早日为民造福。

《新唐书》本传中，白居易杭州任上，政绩昭然："始筑堤捍钱塘湖，钟泄其水，溉田千顷。复浚李泌六井，民赖其汲。"

在治理西湖、疏浚六井之前，白居易还曾费尽心力，带病祈雨。

长庆三年（公元 823 年），从夏至秋，杭州苦旱数月，百姓苦不堪言，白居易忧心如焚，大病一场。

君不见，历史上关东旱灾，就曾引发百姓相食的惨剧。

而通常，地方官盼雨心切，便只能写下祈雨文章，向一方神灵寻求帮助。

白居易先是上吴山伍公庙求雨，可惜效果甚微；继而到城隍庙求雨，沐浴焚香，虔诚祷告，依旧只求到零星雨水，对于龟裂的田地，点滴雨露，毫无用处。

白居易又向杭州的道友请教，如何解杭州燃眉之急。

七月，白刺史带领众官吏登上杭州最古老的皋亭山，进入神庙，以酒乳香果，向皋亭之神祈求甘霖。

在《祈皋亭神文》中，白居易以炉火纯青的公文能力，先是对皋亭神表达了赞美与敬重，继而又旁敲侧击，提醒对方不能虚受香火，应该担起神灵的职责，为百姓解决眼前的苦难，与杭州同荣同耻。

然而皋亭之神毫无反应。

白居易很生气，加之日夜为旱灾焦虑，很快便病倒了。

八月，白居易带病祈雨。他写下《祭龙文》，以虔诚洁意，转而求助于黑龙神。祭文中却依旧不改刚正本性，苦口婆心提醒黑龙神，在旱灾面前，人龙本是命运共同体，理应互相帮助。

但黑龙神与皋亭神似已互通灵犀，决定一起坐视不管，且看杭州刺史如何带百姓渡过难关。

白居易决定不再祈求神灵，而是带领官员，发动百姓，兴修西湖水利，以灌田、沦井、通漕，解旱涝之忧。

很久很久以前，钱塘江的潮水向东冲向西陵，形成低洼潮湿的盐碱地，慢慢发展成为种植桑麻的地方，经过很长的时间成为人口聚居的城市——杭州。然杭州富庶，城中水质却又苦又臭，人们只能依山凿井，用小部分的泉水续命。一直到唐德宗时期，李泌任杭州刺史，下令开凿六井，在地下铺空心竹管，以暗渠引西湖淡水供百姓饮用，才解决杭州千年饮水之难。

时隔多年，到白居易任杭州刺史时，西湖与六井之间的管道已严重淤塞，于是当务之急就是疏浚六井。

而且，趁西湖在枯水期，正好清理淤泥，修筑堤坝，为来年积蓄雨水做准备。往常杭州都是春季多雨，雨下三天则决堤，秋季多旱，又无足够的雨水来救济农田。若从钱塘门到武林门修建长堤，将西湖分隔为二，堤内作上湖，堤外为下湖，连接千顷农田，来年旱季，积蓄的西湖水一可灌溉农田，二可为城中提供饮用水，三可在官河干浅之时，放湖水添注，立通舟船。

但白居易很快发现，即便找到了症结所在，想要实施起来，依旧困难重重。

首先，兴建水利，必须上达天子，而京城路遥，且各个关节都被奸臣把持，传达极为不易。

其次，是本地权贵与官员的阻挠。钱塘县令云，西湖乃鱼龙居住之地，淤泥湿地之上，又种植有菱白、菱角和莲藕等物，西湖造堤，必将冒犯龙神，且有损种植户的利益。白居易何尝不明白，县令与种植户（当地权贵）勾结已久，阻挠之言，皆为自私的托词，利益所驱，哪顾百姓死活。

最后，还有资金与人手方面的问题。白居易想出了解决之法：资金方面，他下令各县筹款；人员方面，上自刺史，下至百姓，全城出动，共筑湖堤。

到了长庆四年（公元 824 年）的春天，西湖上便多了一道长堤。从此，杭州沃野千顷，旱涝保收。百姓饮水思源，为感念白居易的德政，便称新堤为"白公堤"。

孤山寺北贾亭西，水面初平云脚低。

几处早莺争暖树，谁家新燕啄春泥。

乱花渐欲迷人眼，浅草才能没马蹄。

最爱湖东行不足，绿杨阴里白沙堤。

——《钱塘湖春行》

是年春天，杭州百姓安乐，西湖光风霁月，白居易漫步湖边，写下了一首千古名诗，足为西湖代言。

原来，春风得意马蹄疾，也不一定是科场及第者的专属，同样可以用在白头郡守的身上。

只是随着时间的推移，到了明代以后，白公堤已毁。

不过巧合的是，西湖上本有一座白沙堤，久而久之，人们自然而然将对白居易的怀念寄托到了白沙堤上，慢慢地，白沙堤成了白公堤……

而北宋苏轼镇守杭州时，白公堤尚在，苏轼再次修筑堤坝，疏浚六井，对白居易的文采、德操与政绩更是赞赏有加："忠言嘉谋，效于当时，而文采表于后世；死生穷达，不易其操，而道德高于古人。"

> 三年为刺史，无政在人口。
> 唯向郡城中，题诗十余首。
> 惭非甘棠咏，岂有思人不。
>
> 三年为刺史，饮冰复食檗。
> 唯向天竺山，取得两片石。
> 此抵有千金，无乃伤清白。
>
> ——《三年为刺史二首》

诚然，如苏轼所言，白居易其操高洁，廉政爱民，乃为官典范。

长庆四年五月，白居易任期已满，诏除太子右庶子，分司东都。他对杭州很是不舍。临行时，杭州百姓箪食壶浆，夹道相送，而他仅带走天竺山的两块石头和朋友相赠的一双白鹤。

在笔记小说中，白居易把自己在杭州攒下的俸禄都留给了官库，充作公用。

小说或许是可信的。要知道杭州刺史俸禄颇丰，白居易从江南回到中原后，却要在友人的资助下，才得以修葺洛阳履道里的新居。其他官员任杭州刺史，回到长安后则可以用俸禄修建别墅。

而根据宋朝人所编写的佛教禅宗史书《五灯会元》记载，白居易在杭州任刺史时曾被某位"鸟窠禅师"点化。

说是一日白居易去拜访鸟窠禅师，见禅师端坐树上，便说："禅师，您这样太危险了。"

禅师回："你的处境更危险。"

白居易问："下官是当朝要员，有什么危险呢？"

禅师说："薪火相交，识性不停，怎能说不危险呢？"

白居易若有所悟，继而问道："如何是佛法大意？"

禅师道："诸恶莫作，众善奉行，自净其意，是诸佛教！"

白居易听后，失望地说："这是三岁孩儿也知道的道理！"

禅师道："三岁孩儿虽道得，八十老翁却行不得。"

白居易遂作礼，又以偈语请教禅师："特入空门问苦空，敢将禅事问禅翁。为当梦是浮生事，为复浮生是梦中。"

禅师以偈回答："来时无迹去无踪，去与来时事一同。何须更问浮生事，只此浮生是梦中。"

显然，这段记载并不可信。

遑论书中所载年份"元和中"与白居易镇守杭州的时间对不上，这位"白居易"与真实白居易的个性也有着云泥之别，如此编派，也未免看低了白居易的佛性、文才与智慧。

年少时即写下《八偈诗》的白居易，岂能不懂佛法大意？

一个镇守杭州三年，爱民如子，走时仅带走两块山石的郡守，所欲者何，所贪者何？

编派之人又岂知，白居易造福于民之时，早已完成故我的涅槃，而世间若真有神佛，莫过于救万民于水火。

十八　云自无心水自闲

人生能有几个二十三年？从翩翩少年到两鬓飞霜，这二十三年，实在未免太长了些。灯光摇曳，往事翻涌，看着眼前的知己，白居易忍不住唏嘘起来，他明白那种将锋芒磨平的滋味。

宝历元年（公元825年）的江南九月，草木尚未摇落，杨柳依旧青翠，稻浪翻涌，丰收在望。

苏州郡楼之上，名流云集，觥盏滟翻，登高共贺重阳。

…………

姑苏台榭倚苍霭，太湖山水含清光。

可怜假日好天色，公门吏静风景

凉。

> 榜舟鞭马取宾客，扫楼拂席排壶觞。
>
> 胡琴铮铩指拨刺，吴娃美丽眉眼长。
>
> 笙歌一曲思凝绝，金钿再拜光低昂。
>
> 日脚欲落备灯烛，风头渐高加酒浆。
>
> 觥盏滟翻菡苕叶，舞鬟摆落茱萸房。
>
> 半酣凭槛起四顾，七堰八门六十坊。
>
> 远近高低寺间出，东西南北桥相望。
>
> 水道脉分棹鳞次，里间棋布城册方。
>
> 人烟树色无隙罅，十里一片青茫茫。
>
> 自问有何才与政，高厅大馆居中央。
>
> 铜鱼今乃泽国节，刺史是古吴都王。
>
> 郊无戎马郡无事，门有荣戟腰有章。
>
> 盛时傥来合惭愧，壮岁忽去还感伤。
>
> 从事醒归应不可，使君醉倒亦何妨。
>
> …………

——《九日宴集醉题郡楼兼呈周殷二判官》

长庆四年正月，穆宗服丹药暴卒，十六岁的太子李湛即位，是为敬宗。

一年后，敬宗于丹凤楼大赦天下，改元宝历。

当时，白居易正在洛阳修葺履道里的新居，费用由故友河南尹王起慷慨资助。

新居落成后，白居易即接到朝廷诏书，除苏州刺史。

"异日苏、杭苟获一郡足矣！"——如此，白居易少年时许下的梦想便已超额实现。

是年重阳日，五十四岁的白居易站在郡楼之上，脑海中又浮现出少年时仰望的那场郡宴，"兵卫森画戟，燕寝凝清香……"

时隔四十年，他终于以郡守的身份掌印苏州。我有嘉宾，鼓瑟吹笙，若不设一场"应梦之宴"，岂非锦衣夜行？

"朝亦视簿书，暮亦视簿书。簿书视未竟，蟋蟀鸣座隅。始觉芳岁晚，复嗟尘务拘。"

"今年五月至苏州，朝钟暮角催白头。贪看案牍常侵夜，不听笙歌直到秋。"

白居易端阳上任，从夏至秋，从朝到暮，历经半年忙碌，才处理完案上堆积如山的公文。

那段时间，每次下班，都已经是月上柳梢，蛩音四起。就连郡内西亭的景色，他都没来得及好好欣赏。

幸而他还有两名得力助手，即《九日宴集醉题郡楼兼呈周殷二判官》诗中的周、殷两位判官。

杭州东楼风光好，苏州西亭犹可怜。

一日，白居易得了旬假，漫步西亭，泛舟池上，但见桥上白鸥悠然，恰如淡泊高士，桥下柳叶扶疏，胜似娇柔美人。走过小桥，茑萝缱绻，藤蔓如烟，联通直廊，可抵达曲房，回首则小径通幽，修竹夹道，清风徐徐，荷香漫溢。

果然是设宴的好地方。

重阳日，一个难得的假日。

天公作美，亦是好日。

如诗中所记，白刺史的重阳盛宴比当年的韦苏州春宴有过之而无不及。

郡楼之下，兵卫森严，停满宾客的船只与车马，一如多年前。

郡楼之上，觥筹交错，诗意飞扬，俨然盛世风流。荷叶杯，青竹叶，吴酒的香气像太湖的柔波漾动在空气里。酒不醉人人自醉，吴地的舞姬媚眼如丝，容颜比春花更娇美，高耸的云鬓上，还簪戴着茱萸的果实。胡琴铮铮，弹奏的乃是《霓裳羽衣曲》，笙歌一曲又一曲，杯里似有春风鼓荡。

花看半开，酒饮微醺。黄昏之时，燃起灯烛，湖光山色之间，郡楼一如神仙境界。

白居易饮至半酣，凭栏四顾，只见山寺点点，民居鳞次栉比，六十座坊市星罗棋布，三百九十桥流水东西，整个苏州城尽收眼底。

真是大好的河山啊。

白居易看着眼前的一切，想着半年来勤于政务，让苏州百姓安居乐业，不禁心潮涌动，又欣慰不已。

浮生若梦，为欢几何？

或许就是身处那样的时刻吧。

那么饮酒，再饮酒，大醉一场亦无妨。

> 天平山上白云泉，云自无心水自闲。
>
> 何必奔冲山下去，更添波浪向人间。
>
> ——《白云泉》

天平山，吴中第一山也，有红枫、奇石、清泉三绝，其中白云泉乃吴中第一泉，泉水清澈甘冽，色白如乳，大旱不竭，相传正是茶圣陆羽最为钟爱的泉水。

如此江南胜境，白居易自然不会错过。

宝历二年（公元 826 年）春，白居易与友人游天平山，访白云泉，于泉下煎茶论禅，留《白云泉》诗后，天平山从此声名更著。

是日，白居易卸下一身公务，端坐泉下，手把茶盏，看天平山奇石耸立，如万笏朝天，而天上白云舒卷随意，身边泉水悠然自若，忽生隐逸之心。

放眼世间，有人如泉水，身在深山，与清风白云做伴，不染一丝尘垢。有人如激流，心在汪洋，一生波澜壮阔，愿纳百川于怀中。

而那一刻，云自无心水自闲的状态，想来更适合已到知天命之年的白乐天。

如此，便不难理解，是年秋，当天平山红枫艳如流霞之时，五十五岁的白居易为何要辞官回洛阳养老。

是年二月，白居易不慎从马上跌落，腰部受了重伤，休养一个月后才能下床。不久后，又复发眼疾，饱受病痛折磨。

六月，白居易向朝廷请假百日，静养身心。

在花前月下，思索前尘往事，顿觉"回看官职是泥沙"。

假期一过，白居易便正式辞官。收到卸印的诏令，他仿佛松了一口大气，不禁在诗中感叹："自此光阴为己有，从前日月属官家。"

> 浩浩姑苏民，郁郁长洲城。
> 来惭荷宠命，去愧无能名。
> 青紫行将吏，班白列黎氓。
> 一时临水拜，十里随舟行。

饯筵犹未收，征棹不可停。

稍隔烟树色，尚闻丝竹声。

怅望武丘路，沉吟浒水亭。

还乡信有兴，去郡能无情？

——《别苏州》

尽管白居易极为渴望归隐的自由，但真正到了要离开苏州的时候，心头还是免不了一阵惆怅。

他是个好官，老百姓都知道。若非如此，也不会有那么多人来送他。

刘禹锡当时听闻白居易抛官而去，在诗中记录道："苏州十万户，尽作婴儿啼。太守驻行舟，阊门草萋萋。挥袂谢啼者，依然两眉低。"

白居易却突然惭愧起来，认为自己在苏州的政绩并没有多么突出。

其实白居易的政绩，都在苏州百姓的眼泪里。

那一天，老百姓的舟船送了再送，白居易已经走了十里，还能听到送别的丝竹之声。

两年前离任杭州，白居易仅带走了两块石头和一双朋友送的华亭鹤。这一次卸印苏州，他带走的，也只有两块太湖石，一些江南的白莲和菱角，还有一艘小船。

寻常人嫌弃湖石丑陋无用，白居易却爱不释手，青眼相加，认为湖石是时间的遗珍，既可用来支琴，又可用来贮酒。

白莲、菱角和小船，则是用来"忆江南"。

十月，秋风似金，白居易乘船北归洛阳。

时间亦如船下流水，荡荡不可追矣，倏忽之间，白居易离开洛阳已一年有余，他是真的很想念履道里的白鹤了。

七年前的春天，白居易赴任忠州，竟在长江边遇见元稹。春月之下，白居易不得不感念缘分的奇妙。

而他没有想到，离开苏州北归途中，居然在扬州又与刘禹锡偶遇——刘禹锡罢和州刺史，正泊船扬州。

当时扬州寒风凛冽，重逢的喜悦却让这对故友内心如春日曼妙。

刘禹锡与白居易年纪相仿，才华横溢，性格狂傲，被贬外地多年，依旧豪放不羁。

在白居易眼中，刘禹锡更是诗中的国手与豪杰。

晚年时，白居易整理两人唱和的诗集，特意注解："彭城刘梦得，诗豪也，其锋森然，少敢当者！"这也是刘禹锡被后世称为"诗豪"的出处。

为我引杯添酒饮，与君把箸击盘歌。

诗称国手徒为尔，命压人头不奈何。

举眼风光长寂寞，满朝官职独蹉跎。

亦知合被才名折，二十三年折太多。

——《醉赠刘二十八使君》

刘二十八，刘禹锡是也。在扬州，若不与君醉笑三千场，岂非有负扬州的明月与二十四桥的灯光？

只是，想到刘禹锡当年二十二岁即考中进士，本该前程大好，却因为才名太盛，锋芒毕露，又站错了队，失去了在长安实现理想的机会，从而一直沦落在外，可谓命运多舛。

人生能有几个二十三年？从翩翩少年到两鬓飞霜，这二十三年，未免太长了些。灯光摇曳，往事翻涌，看着眼前的知己，白居易忍不住唏嘘起来，他明白那种将锋芒磨平的滋味。

巴山楚水凄凉地，二十三年弃置身。

怀旧空吟闻笛赋，到乡翻似烂柯人。

沉舟侧畔千帆过，病树前头万木春。

今日听君歌一曲，暂凭杯酒长精神。

——刘禹锡《酬乐天扬州初逢席上见赠》

到底是那个写下"自古逢秋悲寂寥，我言秋日胜春朝。晴空一鹤排云上，便引诗情到碧霄"的刘禹锡。

诗豪，然也。

沉舟侧畔，依旧千帆竞发，病树前头，尚有万木逢春。二十三年又如何，桑榆晚景，亦可霞光满天。

刘禹锡的酬诗写得满是豪情，也满是希冀。寒冬已至，不久后，又是一年春风。

就在刘、白一路访友，携手同游的那个寒冬，皇宫之中，正风雨飘摇，刀光四起。

十二月初八，沉湎游乐的唐敬宗夜间猎狐还宫之后，又与宦官刘克明、击球军将苏佐明等人饮酒至深夜。酒酣耳热之际，敬宗入室更衣，大殿上的灯烛却忽然熄灭。

片刻之后，灯光点亮，敬宗已没有了呼吸。

弑君，不过是一场权力的争夺。

立君，也不过是在权力的棋盘上安放一枚棋子。

杀死敬宗后，刘克明、苏佐明等人连夜伪造诏书，欲立绛王李悟为新皇，把天子变成自己手中的棋子。怎料宦官王守澄一派早有准备，见宫闱有变，马上召集神策军诛杀刘、苏一党，又联合裴度拥敬宗的弟弟李昂为帝，是为文宗。混乱之中，绛王李悟也与逆党一并殒命。

当刘、白一起回到洛阳时，已经是大唐文宗大和元年（公元 827 年）的二月。

是年三月，白居易突然接到诏命，令其回长安任秘书监，掌管皇家图书。

刘禹锡则为主客郎中，分司东都。

裴度在力挽狂澜拥立新君，稳定朝局后再次拜相，且因曾经平淮西之乱有功，又被加封太清宫使，论荣耀，出将入相，朝野无二。

对于裴度来说，刘、白二人，皆有大才，是他的故友，更是国家的栋梁。

对于刘禹锡来说，他很是感谢裴度用心良苦，谪官入京，分司东都俨然过渡之策。前程方面，他并无太多欲求，便可进退自如。

对于白居易来说，他当然知道，朝廷的两份诏令，都与裴度有关。秘书监官阶为从三品，工作清闲，俸禄尚可，是一份枕书而眠的美差，也是裴度对自己的特别关照。

槐花雨润新秋地，桐叶风翻欲夜天。

尽日后厅无一事，白头老监枕书眠。

——《秘省后厅》

只是白居易伤病未愈，加之弟弟白行简病故，从春到秋，他都心情沉郁，即便有裴度的厚爱、文宗的信任，也无法点燃已经冷却的宦情。

在《祭弟文》中，他如此自剖心路："哀缠手足，悲裂肝心……孤苦零丁，又加衰疾。殆无生意，岂有宦情？"

是年秋雨霏霏，槐花像乳白色的飞蛾一样落满了秘书省的石阶。

风起时，梧桐树叶翻飞，声音如江南水乡的棹声，又令他想起往事，忧伤不已。

仿佛"云自无心水自闲"的日子突然飘飞，离他远去了，当下的时光，只剩下耳聋眼花、心气昏塞，以及溘然老至的寂寞……

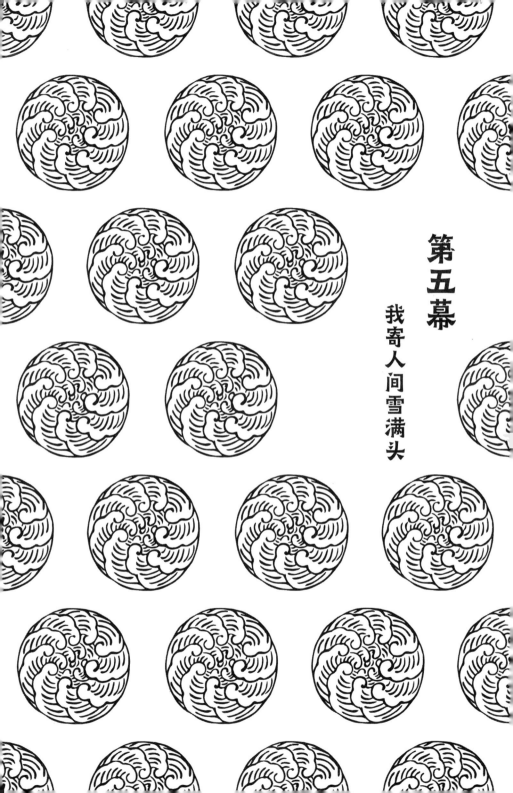

第五幕

我寄人间雪满头

十九　诗酒堪送老，琴鹤慰幽独

白居易簪花而戴，弹奏琵琶，家妓樊素和小蛮也翩然而至，一首《霓裳羽衣》，让宾客们仿佛又回到了"云想衣裳花想容"的时代。是时，一双白鹤从头顶飞过，落在岛上的太湖石上，倒影修长，一如春风里的白衣少年。

洛阳之胜，在东南隅。

东南隅之胜，在履道里。

履道里之胜，在西北隅白宅。

"大隐住朝市，小隐入丘樊。丘樊太冷落，朝市太嚣喧。不如作中隐，隐在留司官。"

留司官，即太子宾客。太子宾客为东宫属官，官阶正三品，也是一个适合养老的闲职。

大和三年（公元 829 年）夏，一心想远离朝堂，跳出党争旋涡，又不愿自断红尘，真正归隐山林的白居易，终于获得了一个两全之策，即罢刑部侍郎，除太子宾客分司东都，优哉游哉，"中隐"洛阳——"中隐"，也被后世很多士大夫所效仿，譬如苏轼，就深受中隐思想和乐天性情的影响。

如此，白居易的心境一扫阴霾，又变得澄明开阔起来。

洛阳，退老之地也。

履道里白宅面积有十七亩，房屋占三分之一，有堂有庭；水池占五分之一，有桥有船，有灵鹤怪石，有紫菱白莲；竹林占九分之一，有书有酒，有歌有弦，有叟在中，白须飘然，是为乐天。

在履道里，白居易以水池为中心，在池东修建粟廪，以御灾年；在池北修建书库，以训子弟；在池西修建琴亭，以娱宾朋；还修建桥梁，以连池中小岛。

昔日罢杭州刺史时，他带回了石与鹤；罢苏州刺史时，他带回了白莲、折腰菱、青板舫；罢刑部侍郎时，他又从长安带回了粟千斛、书一车、乐器若干，还有朋友相赠的酿酒妙方一份、古琴一架、可卧可坐的青石三块……

现在，这些心爱之物全都被白居易安放在自家的新宅邸。一如燕子衔泥筑巢，白居易一点点地在洛阳履道里为自己构建了一个鸟语花香的生态园林，一个缩小版的江南水乡，也是一个软红十丈、诗酒风流的理想国。

履道坊西角，官河曲北头。

林园四邻好，风景一家秋。

门闲深沉树，池通浅沮沟。

拔青松直上，铺碧水平流。

篱菊黄金合，窗筠绿玉稠。

疑连紫阳洞，似到白蘋洲。

僧至多同宿，宾来辄少留。

岂无诗引兴，兼有酒销忧。

移榻临平岸，携茶上小舟。

果穿闻鸟啄，萍破见鱼游。

地与尘相远，人将境共幽。

泛潭菱点镜，沉浦月生钩。

厨晓烟孤起，庭寒雨半收。

老饥初爱粥，瘦冷早披裘。

洛下招新隐，秦中忘旧游。

辞章留凤阁，班籍寄龙楼。

病惬官曹静，闲惭俸禄优。

琴书中有得，衣食外何求。

济世才无取，谋身智不周。

应须共心语，万事一时休。

——《履道新居二十韵》

如诗中所写，履道里新居亭台楼榭一应俱全，春有清风秋有月，夏有莲开冬有雪，目之所及，皆是清雅风物。

值得一提的是，杭州友人相赠的那一对华亭鹤乃是白居易心里的无价之宝。世人携鹤远行，通常是剪其翮羽，而白居易却是小心翼翼地用茵席包裹之，从杭州到洛阳，双鹤独享一船，饮啄供以稻粱，待其如褓褓里的婴儿。

华亭鹤品种名贵，极富灵性，刘禹锡第一次到履道里看到那双鹤，即赞叹不已："真乃华亭之尤物也！"

于是，露清鹤唳之夕，水香莲开之旦，载酒泛舟，鼓琴池上，白居易都会生出身在江南的错觉。待酒酣琴罢，他还会令乐童登上中岛亭，合奏《霓裳散序》，然后"声随风飘，或凝或散，悠扬于竹烟波月之际者久之。曲未竟，而乐天陶然已醉，睡于石上矣"。

诗酒送老，无事岁月长；琴鹤相携，不羁天地阔。

那的确是一段陶然自得的岁月。

白居易热情好客，履道里的宾客有宰相鸿儒，也有白丁乞儿；有高僧，也有道人。

每次酿了酒，他都会乐呵呵地赠送一些给邻居们尝鲜。

若是落魄书生路过，想到白宅讨碗新醅酒喝，赋一首诗即可。

彼时十八岁的李商隐尚是白衣，没有功名，也没有背景，却成了白居易一见如故的忘年之交。

有笔记小说甚至说白居易想做李商隐的儿子，李商隐后来生了儿子，果然就叫白老。

不过，多年后白居易的确邀请李商隐为自己写墓志铭，这便足以说明白居易对李商隐的欣赏与喜爱。换言之，白居易不仅给了李商隐一笔丰厚的润笔费，还给了他一个名扬天下的机会。

而大和三年，中唐最耀眼的诗人与晚唐最有名的诗人初次相见，就是在履道里白宅。

李商隐初出茅庐即深受令狐楚赏识并被其招入幕府，学习后来让他独步天下的骈文。也正是令狐楚，带着他到履道里拜访白居易。

"此处没有太子宾客白居易，只有醉吟先生白乐天。没有白公，只有白叟。"

在李商隐的记忆里，那一天，白居易心情大好，饮了好多的酒，与他谈起江南旧事，眼睛里光芒熠熠。

他们说起春天的西湖，泛舟湖上，白鹤翩飞，无异于神仙境界；说起灵隐寺的桂花，香飘十里，相传是月中掉落，不是人间之物。

后来，白居易簪花而戴，弹奏琵琶，家妓樊素和小蛮也翩然而至，一首《霓裳羽衣曲》，让宾客们仿佛又回到了"云想衣裳花想容"的时代。

是时，一双白鹤从头顶飞过，落在岛上的太湖石上，倒影修长，一如春风里的白衣少年。

世间好物黄醅酒，天下闲人白侍郎。

爱向卯时谋洽乐，亦曾酉日放粗狂。

醉来枕麹贫如富，身后堆金有若亡。

元九计程殊未到，瓮头一盏共谁尝。

——《尝黄醅新酎忆微之》

是年九月，元稹由浙东观察使转尚书左丞。

为此，白居易特意酿了一坛黄醅酒，只待元九归来途经洛阳时，与之开怀痛饮。

故友重逢，显然是白宅喜事，那样的场景，白居易想一想都觉得十分美好。

一如新酒芳醇，枕着酒香，给白侍郎一座黄金城亦不换。

从秋到冬，白居易盼故人心切，对元稹的思念也与日俱增。

他忍不住把思念元稹的新诗和对元稹的期盼，以及即将见到元稹的喜悦都分享给身在长安的刘禹锡。

刘禹锡收到白居易的信后，被元、白之间的知音深情所感动，便贴心地安慰道："松间风未起，万叶不自吟。池上月未来，清辉同夕阴。宫徵不独运，埙篪自相寻。一从别乐天，诗思日已沉。吟君洛中作，精绝百炼金。乃知孤鹤情，月露为知音。微之从东来，威凤鸣归林。羡君先相见，一豁平生心。"

意思是，元稹虽然还没有到来，但你如此思念着他、期盼着他，即便相隔千里，他也一定会感知到你黄金一般的情义。我虽在长安，却要晚一步才能见到这位鸾凤之才，真是羡慕你啊！所以你切勿焦灼，只要静静等待不久后的平生之欢。

> 谢病卧东都，嬴然一老夫。
> 孤单同伯道，迟暮过商瞿。
> 岂料鬓成雪，方看掌弄珠。
> 已衰宁望有，虽晚亦胜无。
> 兰入前春梦，桑悬昨日弧。
> 里闾多庆贺，亲戚共欢娱。
> 腻剃新胎发，香绷小绣襦。

玉芽开手爪，酥颗点肌肤。

弓冶将传汝，琴书勿坠吾。

未能知寿夭，何暇虑贤愚。

乳气初离壳，啼声渐变雏。

何时能反哺，供养白头乌？

——《阿崔》

等元稹到洛阳的时候，白宅又添一件喜事，那就是白居易老来得子，杨氏为他诞下了一个可爱的小男婴，白居易为小婴儿取名阿崔。

这一年，白居易已经五十八岁，之前遭受丧女之痛，且一直为没有子嗣而遗憾。如今儿子姗姗来迟，完全是意外之喜，不免格外激动，让他开始在漫天的雪花中，憧憬书香传家、子嗣延绵的春天。

元、白之间的缘分也真是极为微妙。

白居易遭受过的痛苦，元稹全都感同身受。元稹八个孩子，夭折七人，他在浙东任上时，还曾为丧子之痛与膝下无儿而伤怀："蜩甲暗枯秋叶坠，燕雏新去夜巢空。情知此恨人皆有，应与暮年心不同。"

就在这一年的冬天，元稹同样喜得贵子。这又不禁让两个好朋友在饮酒畅谈之余，生出了将情义延续到下一代的期望。

沣头峡口钱唐岸，三别都经二十年。

且喜筋骸俱健在，勿嫌须鬓各皤然。

君归北阙朝天帝，我住东京作地仙。

博望自来非弃置，承明重入莫拘牵。

醉收杯杓停灯语，寒展衾裯对枕眠。

犹被分司官系绊，送君不得过甘泉。

———《酬别微之》

回长安前，元稹在履道里住了三日。

那三日，元、白二人朝夕相伴，开坛痛饮，互诉衷情，醉后便对床而眠。

窗外鹤舞长空，万竿翠竹，树树琼枝，雪花一片一片落在池水中，仿佛时光倒流二十年，又回到花下鞍马游的岁月。

然而王命在身，三日之后，两人只能再次依依惜别。

从前，白居易喜欢把元稹比作翠竹，比作松柏，比作云中白鹤，如今，二十年过去，他看到老友那一颗壮志凌云之心，居然丝毫没有因仕途上的坎坷和生活中的磨难而发生改变。

元稹告诉白居易，此去长安，定要有一番作为，不负朝廷的信任。

"蛾须远灯烛，兔勿近罝罘。幻世春来梦，浮生水上沤"，白居易深知元稹刚正不阿，朝中树敌不少，便只能一遍一遍叮嘱老友：党争无义，人心凶险，此一去，记得谨言慎行，万千珍重，不要引火烧身。果然，元稹回朝后"务振纲纪，严惩贪腐之臣"，不到一个月，就被政敌诬告排挤出京，除武昌军节度使兼鄂州刺史。

> 君应怪我留连久，我欲与君辞别难。
> 白头徒侣渐稀少，明日恐君无此欢。
>
> 自识君来三度别，这回白尽老髭须。
> 恋君不去君须会，知得后回相见无。
>
> ——元稹《过东都别乐天二首》

临行前，雪花落满白发，两人执手相望，泪眼婆娑。元稹也留诗二首回赠白居易。

从少年轻狂到白发如雪，二十余年如一梦，元、白依旧心意相通，情比金坚。

每一次重逢，都如初见。

每一次离别，都如永别。

尽管元稹已经买下了岳父留在洛阳的老宅，安放了一个与白居易比邻而居的梦，但当白居易看到那句"恋君不去君须会，知得后回相见无"时，内心还是凛然一惊。

当时的白居易尚不知晓，元稹一语成谶，履道里三日相聚，已是两人最后一次见面……

黄醅绿醑迎冬熟，绛帐红炉逐夜开。
谁道洛中多逸客，不将书唤不曾来。

——《戏招诸客》

是年冬天的白居易，还在履道里守着他新酿的黄醅酒和红泥小火炉，沉浸在喜获麟儿的幸福中，醺醺然不可自拔。

褓褓中的阿崔正在慢慢长大，相信来年冬日，即可咿呀而语，蹒跚学步，在宅院中四处玩乐。

阿罗豆蔻年华，琴艺日益精进，总是令人欣慰的事情。

龟儿已年近弱冠，正在勤读诗书，准备考取功名。

一双华亭鹤亦如白家少年，君子之风，其清穆如。

似乎一切都已尘埃落定，一如白雪之下，大地正静静地孕育着无限的希望。

那样的时刻，白居易总会觉得无比满足。

若有邻居来一起吃酒赏雪，自然是雅事一桩，锦上添花。

若没有人来，赏雪伺鹤，抚琴读书，一个人用笔慢慢记录生活，消磨时日，也无不可。

就像他在《不出门》诗中所写："不出门来又数旬，将何销日与谁亲。鹤笼开处见君子，书卷展时逢古人。"

还有《即事》："见月连宵坐，闻风尽日眠。室香罗药气，笼暖焙茶烟。鹤啄新晴地，鸡栖薄暮天。自看淘酒米，倚杖小池前。"

且有《舟中夜坐》："潭边霁后多清景，桥下凉来足好风。秋鹤一双船一只，夜深相伴月明中。"

以及《西风》："西风来几日，一叶已先飞。新霁乘轻屐，初凉换熟衣。浅渠销慢水，疏竹漏斜晖。薄暮青苔巷，家僮引鹤归。"

…………

从冬到春，从夏到秋，履道里的梅花开了桃花开，莲花落了梧桐落，白居易甚至极少出门。

在自己的小天地里，有酒有诗，有鹤有膝下小儿，他尽可享受园林之美、天伦之乐。

二十　世间再无元微之

是日忽降大雪，天地寂然。站在雪中，白居易只觉袅袅梵音落在身上，一如梅花落在山间，而内心清澈，一如琉璃。

大和四年（公元 830 年）十二月二十八日，大雪初霁。清晨，蜜蜡色的阳光落在脖颈里，有一种毛茸茸的温柔。

白居易饮了几杯新酿的绿醅酒后，有点薄醉，拄着竹杖走在园子里，每一个毛孔都暖意弥漫，看园子里的花草树木，也都蒙着一层光晕。

突然，一阵风从竹林吹过来，白居易缩了缩脖子，又感觉有些冷。

当他走上小桥，打算去岛上看鹤的时候，那对鹤却像顽皮的小童一样窃窃耳语几句，随即扑棱棱地飞离了小船，继而飞上了履道里的天空，到远方去了。

池上滴落几声鹤鸣，如硕大的雨点。

> 雪拥衡门水满池，温炉卯后暖寒时。
>
> 绿醅新酎尝初醉，黄纸除书到不知。
>
> 厚俸自来诚忝滥，老身欲起尚迟疑。
>
> 应须了却丘中计，女嫁男婚三径资。
>
> ——《早饮醉中除河南尹敕到》

这一日，白居易心情有点复杂。

他本以为，余生会像自己预想的那样，在履道里安然度过，岂料从长安来的一纸敕令，又将改变接下来的生活轨迹。

几日前，原东都留守崔弘礼病故，河南尹韦弘景被调任东都留守，白居易则被调任河南尹。

河南尹俸禄丰厚，似乎可以让家人过上更好的生活，但白居易心知肚明，敕令的背后，正是党争的旋涡、欲望的黑洞。

透过那个黑洞，有人看到的是权力和富贵，有人看到的是逝水与浮云。

"六十河南尹，前途足可知。老应无处避，病不与人期。……流水光阴急，浮云富贵迟。人间若无酒，尽合鬓成丝。"

白居易叹了一口气，还是接下了诏令。

奈何在历史的轨迹上，每个人的生活都与王朝的命运链条环环相扣。

就像很多人以为命运是一条欢快清澈的小溪，却不知命运也可以是幽深的湖泊，波光之下，水草丛生，激流暗涌。

> 掌珠一颗儿三岁，鬓雪千茎父六旬。
> 岂料汝先为异物，常忧吾不见成人。
> 悲肠自断非因剑，啼眼加昏不是尘。
> 怀抱又空天默默，依前重作邓攸身。
>
> ——《哭崔儿》

大和五年（公元 831 年）夏，就在白居易恪尽职守，带领府僚在城外视察农田的时候，家中传来噩耗，一如晴天霹雳直击头颅，让白居易险些昏死过去。

小阿崔夭折了。

在哭儿诗中，白居易把自己比喻成无子的邓攸，终日默默垂泪到天明。从前，白居易总是忧心自己年岁渐老，看不到阿崔成年后的样子。怎料世事无常，造化弄人，上天的一个恶作剧，就让他从幸福的巅峰，跌落至痛苦的谷底。白发之年再次遭受丧子之痛，怎不令人哭瞎双眼，痛断肠肝？

不久后，白居易心情稍微平复，便把阿崔夭折的消息修书告诉元稹和另一位朋友崔玄亮，向好友倾诉自己的伤心事，声称看到"崔"字就忍不住流泪。失去崔儿后，他已经是蜕壳之蝉，仅余悲鸣，是失珠之龙，时日无多："书报微之晦叔知，欲题崔字泪先垂。世间此恨偏敦我，天下何人不哭儿。蝉老悲鸣抛蜕后，龙眠惊觉失珠时。文章十帙官三品，身后传谁庇荫谁？"

白居易很快收到了元稹和崔玄亮的安慰，心中倍感温暖。

可是，白居易又怎会想到，信纸上的墨痕余温尚在，竟那么快与挚友天人永隔。

"淑人君子，胡不万年？""如可赎兮，人百其身。"

七月二十二日，元稹突发疾病，暴亡于武昌任所，年仅五十三岁。

关于元稹的死因，历来说法有二。

白居易认为元稹和韩愈一样，都是长期服用丹药导致慢性中毒而丧命；另也有研究者认为，当时天气燠热，元稹带领官兵在武昌抗洪救灾，中暑昏倒后不治身亡。

无论元稹真正的死因是什么，对于白居易来说，世间最知心的朋友英年暴卒，的确让他猝不及防，痛不欲生。

是年八月，元稹灵柩经洛阳停留，待来年再运至咸阳元家祖坟安葬。

可叹元稹从未放弃过"致君尧舜，致身伊皋"的理想，却"时行而道不行，身遇而心不遇"，昔日黯然一别，再见竟是魂兮归来，怅憾满怀。

白居易去元宅拜祭挚友，抚棺而哭，不可自持。

第二年七月，元稹灵柩归葬咸阳元家祖坟，白居易为其写下祭文《祭元微之文》，可谓字字血泪，诉尽人间友情。时至今日，千余年过去，读来也依旧感人肺腑，悲鸣足以绕梁三日。

白居易还为元稹写下了挽词："铭旌官重威仪盛，骑吹声繁卤簿长。后魏帝孙唐宰相，六年七月葬咸阳。"

元稹一去，白居易不仅失去了一个高山流水的赏心知己，还失去了一份可以为彼此出生入死的惺惺相惜的手足情义。

从此，世间再无元微之。

"元白"的佳话已成绝唱，但属于"刘白"的传奇，正在抒写。

是年冬天，在党争的风浪中，刘禹锡也被排挤出了长安，即将赴苏州任刺史，途经洛阳时，特意去看望白居易。

在白宅，刘白二人饮酒论诗十五日，不知今夕何夕，只知道履道里飞雪连天，寒梅吐蕊，空气里却散发着青梅煮酒的风流。

送君何处展离筵，大梵王宫大雪天。

庾岭梅花落歌管，谢家柳絮扑金田。

乱从纨袖交加舞，醉入篮舆取次眠。

却笑召邹兼访戴，只持空酒驾空船。

——《福先寺雪中饯刘苏州》

刘禹锡离开洛阳那天，白居易在福先寺为其饯行。

是日忽降大雪，天地寂然。站在雪中，白居易只觉袅袅梵音落在身上，一如梅花落在山间，而内心清澈，一如琉璃。

看着漫天飞雪，白居易又想起数百年前的一个雪夜，王子猷推门而出，只见天地之间一片皎洁，便连夜带上好酒，乘船去拜访朋友戴安道。到了戴家门口，酒喝完了，兴致也阑珊了，于是驾着空船又原路返回。

乘兴而行，兴尽而返，多么潇洒，多么自由！

但白居易到底不是王子猷，他的兴致，是燃起红泥小火炉等一个人，是入世的等待。他少年孤独，中年激愤，晚年活得通透，也愈发喜欢人间的温情，其实一辈子都是入世的。

他写偈诗，吃斋饭，念经打坐，亲近佛道，都是为了出尘。

他曾经放不下功名，所以日夜苦读，以至于口舌生疮，落下终身眼疾。

他一生都放不下爱情，晚年时依旧常想念湘灵，世人只知道白居易喜欢弹《霓裳羽衣曲》，却不知，他的家妓们都会哼唱符离小曲。

他放不下友谊。元稹去后，他常梦见刘禹锡。有一年春天，他对刘禹锡从汝州寄来的书信望眼欲穿，便有了《梦刘二十八因诗问之》："……但问寝与食，近日两何如？病后能吟否？春来曾醉无？楼台与风景，汝又何如苏？"最后，又写："相思一相报，勿复慵为书。"——请记得我很想念你，你可不要为了偷懒，不回信给我。

他放不下苍生。在担任河南尹期间，他新制了一件绫袄，想起百姓饥寒依旧寝食难安，于是打开粮仓赈济灾民，甚至希望有一件万丈大裘，可以让整个洛阳城的百姓免于苦寒："百姓多寒无可救，一身独暖亦何情。心中为念农桑苦，耳里如闻饥冻声。争得大裘长万丈，与君都盖洛阳城。"

实际上，他连仕途与理想，也不曾真正放下过。对宦情心灰意冷，不过是求不得。"时行而道不行，身遇而心不遇"，元稹如此，白居易何尝不是与元稹活在同一种遗憾里？譬如在履道里，白宅主人设下筵席，宾客们都知晓一个不成文的规矩，"请君休说长安事，膝上风清琴正调"，如果真正放下，又何必休提长安……

而王子猷随性而为、卓荦不羁的贵族基因，早就写在了骨子里。对于王子猷的父亲王羲之，白居易应该是崇拜与喜爱的，在洛阳，他就多次效仿王羲之的兰亭雅集，上巳节修禊洛水之滨，一觞一咏，与群贤畅叙幽情。

> 龙门宾客会龙宫，东去旌旗驻上东。
> 二八笙歌云幕下，三千世界雪花中。
> 离堂未暗排红烛，别曲含凄飏晚风。
> 才子从今一分散，便将诗咏向吴侬。
>
> ——刘禹锡《福先寺雪中酬别乐天》

见白居易赠诗，刘禹锡也回诗一首，聊表寸心。

刘禹锡待白居易依旧是那么体贴。

洛阳相聚十余日，刘禹锡日夜陪伴着白居易，在很大程度上减轻了白居易失去阿崔和元稹的痛苦。

在诗中，刘禹锡又宽慰白居易，不要因为知交零落而伤心，说自己愿意做白居易的知己，也请白居易不要忘记，在遥远的吴郡，还有一个刘禹锡可以与之唱和，在纸上一觞一咏，流水高山。

而自此之后，刘、白唱和，从未间断。

譬如刘禹锡身在江南，白居易便相寄《浪淘沙》，感叹沧海桑田，人生一粟："白浪茫茫与海连，平沙浩浩四无边。暮去朝来淘不住，遂令东海变桑田。"

还有，想起因朝中谗言被贬的朋友们多半病死异乡，故此心生悲鸣："随波逐浪到天涯，迁客生还有几家。却到帝乡重富贵，请君莫忘浪淘沙。"

以及，老来多健忘，唯不忘相思："借问江潮与海水，何似君情与妾心。相恨不如潮有信，相思始觉海非深。"

刘禹锡观钱塘江大潮后，把浪潮的恢宏注入诗篇："八月涛声吼地来，头高数丈触山回。须臾却入海门去，卷起沙堆似雪堆。"

对于那些让自己流浪朝堂之外的谗言，刘禹锡相信时间会披沙拣金："莫道谗言如浪深，莫言迁客似沙沉。千淘万漉虽辛苦，吹尽狂沙始到金。"

对于相思，刘禹锡想起的是被贬朗州，感受到的湘水女神对舜帝的感情，已化作潇湘夜雨，岁岁年年，打湿有情人的心："流水淘沙不暂停，前波未灭后波生。令人忽忆潇湘渚，回唱迎神三两声。"

当时，为了减轻失去孩子和知己的悲伤，白居易除了与刘禹锡唱和之外，又再次选择亲近自然和佛道。

香山寺乃龙门十寺之首，位于龙门东山的半山腰上，是一座北魏时期建立的古寺，也是武则天率群臣赛诗夺锦袍的地方。

深山藏古刹，伊水望龙门。香山寺与龙门石窟隔伊河相望，暮鼓晨钟荡漾十万佛光。公务之余，白居易经常去香山寺游玩，还与住持结成了好友。他认为龙门十寺，当以香山为胜，并许下心愿，若有来生，就到香山寺做一山僧，青灯古佛，结伴云泉。

元稹去世后，元家人遵循元稹生前的意愿，邀请白居易为其写墓志铭。白居易自然应允。

后来，元家寄来润笔费六七十万钱，白居易原封不动地退回三次，实在不得已，只好收下捐赠给香山寺，用以修葺寺庙，安置僧人，完成自己早年间的心愿，也为元稹积攒冥福，功德无量。

白居易离红尘烟火太近，好酒好书好世间温情，终究没有做僧人，而是成了香山居士，成了香山寺的善人。

元稹去世八年后，刘禹锡以秘书监分司东都，与白居易再结诗酒之缘。一天夜间，白居易与刘禹锡说起早年旧事，与元稹同游的时光，不禁泪光盈盈。醉酒后，白居易果然梦见元稹，依旧是少年模样，纷纷花枝下，骑着一匹马，邀白居易同游长安："夜来携手梦同游，晨起盈巾泪莫收。漳浦老身三度病，咸阳草树八回秋。君埋泉下泥销骨，我寄人间雪满头。阿卫韩郎相次去，夜台茫昧得知不。"

元稹去世十一年后，刘禹锡病逝于洛阳。白居易写下《哭刘尚书梦得二首》悼念知己，英雄惜英雄的情义不输元、白。但他更羡慕的是，刘禹锡可以先自己一步与元稹泉下同游："四海齐名白与刘，百年交分两绸缪。同贫同病退闲日，一死一生临老头。杯酒英雄君与操，文章微婉我知丘。贤豪虽殁精灵在，应共微之地下游。"

元稹去世十五年、刘禹锡去世四年后，白居易病逝于履道里，葬于香山。

至此，白居易修香山寺时许下的心愿终于得以实现，元白、刘白继人间结缘后，又在泉下相遇，又可以回到曾经携手同游的日子，诗酒风流依旧，且得以超越空间与时间，获得永恒的浪漫与自由。

白居易还认为，人的命运是由人的选择决定的，并非天意注定的。诚然，命运就是无数次选择的总和，是一次次选择相互缠绕相互推进的结果。天地之间得自由者，也当与功名利禄毫不相干也。

大和九年（公元 835 年）十一月二十一日，洛阳。

六十四岁的白居易又去了香山寺。

"空门寂静老夫闲，伴鸟随云往复还。家酝满瓶书满架，半移生计入香山。"

他是一个人去的，乘肩舆出门，再换扁舟顺伊河到香山脚下，上岸后，再换肩舆，拾级而上，山间有苍松迎客，一路松风浩荡，只觉梵音扑面。

到底是老了。

平时乘兴出门，若是拜访邻居，他会选择步行；到乡间去，则拄竹杖；去都邑办公，选择骑马；到山间访寺，便只能乘坐肩舆。

舆中有一琴一枕、陶渊明和谢灵运的诗集数卷，舆杆左右各有一酒壶，风过肩舆，仿佛从东晋来。

白居易闭目养神，如坐在时间的深海里。阳光从松枝的罅隙里漏下来，像海面上的金屑，随着海面轻轻漾动，晃得眼睛发胀。

数百年前，陶渊明躺在北窗下，凉风暂至，见树木交荫，时鸟变声，欢然有喜，自谓是羲皇上人。

而白居易身在肩舆，心在兜率，看青松翠柏，尽是法身，白云碧波，无非般若。

伊河碧波东流去，对面即龙门大佛。大佛宝相庄严，正悲悯地俯视着天下苍生。

是年九月，朝廷诏授白居易为同州刺史，白居易宦情尽消，也不想离开洛阳，只好托病不任。

在朝中好友的帮助下，十月，改授太子少傅分司东都的诏命就送到了履道里。

代替白居易去同州的人，则变成了刘禹锡。

去同州之前，刘禹锡途经洛阳，与白居易相聚，分分秒秒，皆是时间的盛筵。

只是盛筵过后，终究有点曲终人散的冷清和人老知音稀的寂寞。

按照白居易在文章中的自述，晚年在洛阳，他以刘禹锡为诗友。天南地北，但凡有鱼雁，就有刘、白唱和，那是梦得和乐天之间的灵犀与蕴藉。

他以隐居在平泉别墅的高士韦楚为山水友，洛城内外七十里，但凡有道观、寺庙、山林、别墅的地方，都值得他们结伴同游。"以山水风月歌诗琴酒乐其志"，然也。

他以河南少尹皇甫曙为酒友。他们一见如故，互相引为新知己："仰名同旧识，为乐即新知。有雪先相访，无花不作期。斗酿千酿酒，夸妙细吟诗。"经白居易牵线搭桥，龟儿还娶了皇甫曙的女儿为妻。

他以洛阳高僧如满禅师为空门之友。"外以儒行修其身，中以释教治其心"，他在香山斋戒，通学小中大乘法；在香山写诗，署名香山居士。自此之后，一座山即等同于一座寺、一个人，然后扬名四海。

以上四友，白居易每一相见，必欣然忘归。

当他们到履道里做客，白居易更是极尽主人之谊。

哪怕一介布衣，逢良辰美景或雪朝月夕，到了履道里白宅，白居易也会先拂酒罍，次开诗箧，诗酒既酣，便亲自弹奏古琴助兴。有时候，白宅的主人会令家僮调法部丝竹，合奏《霓裳羽衣曲》。甚至还会命家妓樊素和小蛮歌唱他填的《杨柳枝》："六幺水调家家唱，白雪梅花处处吹。古歌旧曲君休听，听取新翻杨柳枝……"

"性嗜酒，耽琴淫诗，凡酒徒、琴侣、诗客多与之游"，出了香山寺，白居易便成了醉吟先生，陶陶然，昏昏然，不知道自己姓甚名谁，从哪里来，到哪里去，只知道自己移居洛阳多年，赋诗千余首，酿酒数百斛，醉复醒，醒复醉，放眼看青山，任头生白发。

大和九年（公元 835 年）十一月二十一日，长安。

大明宫紫宸殿，早朝。

唐文宗端坐龙椅之上，与往常无任何异样。被推上龙椅九年，他励精图治，宵衣旰食，暗下决心一定要肃清奸佞，复兴王朝。

首先，就是要剪除掌握神策军的宦官。

一个叫郑注的人出现了。郑注是大宦官王守澄引荐的一个江湖游医，精通药术，能言善辩。郑注入宫后，果然医好了中风的文宗，于是一路高升。出身士族的李训找到郑注，用重金换取了与文宗相处的机会，又以解说"太平之术"获得文宗的信任，平步青云，位极人臣。

一日，文宗密会郑、李，向两人袒露心事，认为请他们对付宦官，断不会让宦官生疑。

是年秋，郑注和李训不负文宗所望，很快联手鸩杀了王守澄。下一步，就是神策军左右军中尉仇士良、鱼弘志。

计划出来了：王守澄将葬于浐水，郑注奏请宦官们去浐水送葬，趁机关闭门户，令亲兵将送葬宦官全部扑杀。

怎料李训担心郑注抢走功劳，瞒着郑注另生一计，以天降甘露为名，请文宗配合表演，又令亲信以手敕之名带兵蛰伏宫中……

"陛下，左金吾厅后的石榴树昨夜天降甘露，此乃祥瑞之兆也！"朝上有人报告。

李训进奏："陛下可亲临观看，以承天贶。"

为弄清甘露真伪，文宗令仇士良、鱼弘志等人前去察验，但很快被仇士良发现真相——不远处帷幕被风掀开，露出甲兵的身影，侧耳一听，还有兵器碰撞的声音。

惊骇之中，仇士良一伙迅速掉头，以迅雷之速将文宗软禁。

文宗的计划失败了。

为出恶气，仇士良令神策军关闭宫门，逢人便杀。郑注、李训被腰斩，株连九族。未曾参与的宰相王涯、舒元舆等人也全被屈打成招，惨遭抄家、灭族之祸。

一时间，长安血流成河，朝列为之一空。

这便是历史上的"甘露之变"。

如果历史是面镜子，那么"甘露之变"照出的，就是人性的地狱，手段残忍无比，荒谬绝伦。

祸福茫茫不可期，大都早退似先知。

当君白首同归日，是我青山独往时。

顾索素琴应不暇，忆牵黄犬定难追。

麒麟作脯龙为醢，何似泥中曳尾龟。

——《九年十一月二十一日感事而作》

"甘露之变"的消息很快传到洛阳，白居易悲痛不已。

一个月前，他得以改授太子少傅如愿留在东都，且进封冯翊县开国侯，正是得益于宰相舒元舆在天子面前的美言。

舒元舆与白居易唱和颇多，翻开白居易的诗集，便知道他们相交甚密。

他们曾在履信坊朋友家欢聚，同坐樱桃树下，看着纷纷花瓣，醉眼蒙眬，想念故人："今朝一酌临寒水，此地三回别故人。樱桃花，来春千万朵，来春共谁花下坐？"

他们也曾在秋光中醉卧龙门，同游香山，轻衫鞍马，并辔狂歌。那一天，秋风袅袅，伊河的水波像闪亮的鱼鳞，他们站在船头，像两只白鸥。那天，白居易还带上了自家新酿的"白玉液"酒，与好友一起香山夜话到东方既白。

龙门之游，白居易有诗记录："暂停杯箸辍吟咏，我有狂言君试听。丈夫一生有二志，兼济独善难得并。不能救疗生民病，即须先濯尘土缨。"

看似是酒后狂言，实则是肺腑之忧。朝堂凶险，白居易劝舒元舆不要执着于功名，一如昔日推己及人，规劝元稹。

白居易还曾写下《咏史》："秦磨利剑斩李斯，齐烧沸鼎烹郦其。可怜黄绮入商洛，闲卧白云歌紫芝。彼为葅醢机上尽，此作鸾凰天外飞。去者逍遥来者死，乃知祸福非天为。"

在诗中白居易写到历史上的李斯和郦食其。他认为李斯助秦始皇成就大业，功成之后若及时隐退，远离争权夺利的朝廷，就不会遭受腰斩。郦食其凭三寸不烂之舌为刘邦取得齐国七十城，却因为贪功而被齐王田广烹杀。可谓机关算尽者终被机关误了性命。

白居易还写到了商山四皓中的夏黄公崔广和绮里季吴实，他们与东园公唐秉、甪里先生周术曾被秦始皇聘请为博士，因不满秦始皇"焚书坑儒"，相约隐居商山。当时四人皆已年过八旬，须发皓然，飘然若仙，人称"商山四皓"。白云生处，岩洞之中，四皓与松柏为徒，采紫芝疗饥，甘守清贫，不为繁华易素心，并作《紫芝歌》明志。

是以，白居易得知舒元舆竟在长安与几名宰相一起死于宦官刀下，还要蒙受不白之冤后，才那样心痛如绞，扼腕长叹，老泪双流。

一年前香山夜话，舒元舆分明还流露出和白居易一起归老洛阳的心意。

白居易写诗悲叹好友的命运，惋惜舒元舆未听信自己的肺腑之言，结果像李斯一样惨遭腰斩。舒元舆死得那样潦草与仓促，不能学嵇康临死抚琴，也不能像李斯一样在死前追忆往昔打猎的时光。可叹文韬武略、身负麒麟之才的舒元舆，竟和天子一样，成为宦官们刀俎上的鱼肉。

同时，白居易也庆幸自己就像一只在泥水中生活的乌龟，远离朝堂纷争，超然朋党之外，才得以看到香山的白云与伊河的碧波。

酒令人忘忧，歌令人忘机。

可见晚年白居易对功名的态度，已经是避之唯恐不及。

白居易还认为，人的命运是由人的选择决定的，并非天意注定的。

诚然，命运就是无数次选择的总和，是一次次选择相互缠绕相互推进的结果。

天地之间得自由者，也当与功名利禄毫不相干也。

没有任何事情可以阻挡时间的脚步，哪怕是血洗长安那样的惨剧。

新年依旧到来了。

新年的雪极大，覆盖了整座长安城。

唐文宗站在丹凤楼上，宣布改元开成，同时减赋税，停进奉，大赦天下，希望可以改变国运。

雪继续下。

在雪光的映照下，唐文宗那张郁郁寡欢的脸又少了几分帝王气象，而多了些许隐晦的悲剧气质，简直像个落魄的诗人。

他吟道："燕山雪花大如席，片片吹落轩辕台。"

突然想起是李白的句子，不禁悲从中来。

不知道他有没有透过漫天的雪花看到王朝日薄西山、宴席已散的晚景。

但他想必已经知道，李白那样的人，那样的诗，那样的时代，都再也不会重现了。

开成元年（公元 836 年）八月，刘禹锡因患足疾从同州调回洛阳，以太子宾客分司东都。

同归醉乡，与君共老。

属于刘、白的时光，到来了。

若无清酒两三瓮，争向白须千万茎。

麴蘖销愁真得力，光阴催老苦无情。

凌烟阁上功无分，伏火炉中药未成。

更拟共君何处去，且来同作醉先生。

——《题酒瓮呈梦得》

大约从开成二年开始，白居易不再炼丹。

白居易内心那个属于释与道的天平，在他晚年的时候，情感砝码显然已经偏移到了佛教这一边。对于他来说，炼丹更像是一种爱好与消遣。就像少年时，那个功成凌烟阁的梦，也已经随着时间的推移变成了镜中花、水中月。

光阴催人老，老去的白居易总是喜欢回忆江南的好——"江南忆，其次忆吴宫。吴酒一杯春竹叶，吴娃双舞醉芙蓉。早晚复相逢？"

江南，收藏了他的另一个梦。

他也盼望老朋友来看他，和他一起饮酒赋诗，长夜畅谈。

他写《咏老赠梦得》："与君俱老也，自问老何如。眼涩夜先卧，头慵朝未梳。有时扶杖出，尽日闭门居。懒照新磨镜，休看小字书。情于故人重，迹共少年疏。唯是闲谈兴，相逢尚有余。"

刘禹锡便开解他，认为人老去之后，虽眼睛浑浊，但洞若观火；虽已是桑榆晚景，也可以自我珍重，为霞为光，活出自我的色彩。《酬乐天咏老见示》云："人谁不顾老，老去有谁怜。身瘦带频减，发稀冠怜偏。废书缘惜眼，多灸为随年。经事还谙事，阅人如阅川。细思皆幸矣，下此便翛然。莫道桑榆晚，为霞尚满天。"

那么白居易所愁为何，所悲为何？

《九州春秋》里记述了一段关于刘备的悲伤。刘备曾寄居刘表篱下数年，一日与刘表起身如厕，见髀里肉生，慨然流涕。刘表问刘备为何悲伤，刘备说："吾常身不离鞍，髀肉皆消。今不复骑，髀里肉生。日月若驰，老将至矣，而功业不建，是以悲耳。"

曹丕也曾把忧伤写在诗歌里："高山有崖，林木有枝。忧来无方，人莫之知。人生如寄，多忧何为？今我不乐，岁月如驰。"

"老将至矣，而功业不建""今我不乐，岁月如驰""凌烟阁上功无分"，其实这样的悲伤，一直被古今以来伟大的灵魂共鸣着。

不过，在晚年白居易的身上，人们似乎只看得见昔日锋芒毕露、宁折不弯的利剑，被收进了剑鞘，装进了剑盒，成为真正的器，却没有人听见剑鞘里宝剑的悲鸣。

生而为剑，岂能偷生？

开成四年（公元 839 年）十一月，离"甘露之变"已过去四年。

四年的时间，正值壮年的唐文宗已有了衰老的迹象。一朝天子经常被家奴辱骂，只能用美酒和诗篇麻醉自己，在黑夜中暗自饮泣。

一天，文宗夜坐思政殿，召当值学士周墀和自己一起饮酒谈心。

文宗问："卿觉得朕像历史上的哪一位皇帝？"

周墀回："陛下，您是尧舜一样的君主。"

文宗问："朕怎么敢与尧舜相比呢？卿可以想一想周赧王和汉献帝。"

周墀大惊："他们可是亡国之君，陛下仁德，他们怎么可以与您相比呢？"

文宗叹息道："周赧王和汉献帝只不过是受限于诸侯，朕今天却是受制于家奴，怎么比得上他们呢？"

说完，文宗涕泪满襟，第二天便不再上朝。

开成五年春，唐文宗在宫中看牡丹，脱口微吟道："赤者如日，白者如月。淡者如赭，殷者如血。向者如迎，背者如诀。坼者如语，含者如咽。俯者如愁，仰者如悦。袅者如舞，侧者如跌……"

吟毕，才发现是舒元舆《牡丹赋》里的句子——舒元舆，已经在"甘露之变"中杀身成仁。

文宗想起旧事，一时悲伤得难以自抑，不久便郁郁而终。

而朝堂之上，深宫之中，又一次卷起了血雨腥风。

宦官仇士良、鱼弘志等矫诏杀害太子李成美，拥立文宗的弟弟李瀍即位，是为武宗。

武宗次年改元会昌，任李党党魁李德裕为相，君臣携手开启"会昌中兴"。

只是七年之后，武宗因迷恋长生之术命丧丹药，李德裕随即被排挤出京，"会昌中兴"戛然而止，大唐王朝便步入了黄昏。

二十二 花非花，雾非雾

他虽老病，却终究未到山穷水尽、四面楚歌的境地。昔日霸王别姬，乌骓殉主，实在奈何不得，今日乐天放妓卖马，又岂能忘情？

那是白居易生命中最后一场盛宴。

会昌五年（公元845年）三月二十一日，履道里落花簌簌，绿草如茵，白宅七老相聚，饮酒赋诗，诗兴与豪情荡漾在春光里，从洛阳到长安，很快被传为两京佳话，人称"七老会"。

白居易有诗记录："七人五百七十岁，拖紫纡朱垂白须。手里无金莫嗟叹，尊中有酒且欢娱。"

七老之中，年纪最大的要数八十九岁的前怀州司马胡杲，七十四岁的

东道主白居易是最年轻的一位。时任秘书监狄兼谟、河南
尹卢贞因年纪尚未达到七十岁，"虽与会而不及列"。

那也是一场时间的盛宴。诗中的七位老人，曾多次站
在大唐王朝命运的节点上，见证了时代与历史。七老相顾，
既醉甚欢，雪作须眉云作衣，贵情义而轻金玉，人间稀有。

后来便有人将七老与洛中遗老李元爽、如满禅师一并
绘成《九老图》流传于世。如今到香山，还可以从画卷与
雕塑中看到九老的身影，暮鼓晨钟，伊河风来，闭目间，
仿佛一千多年前的狂歌与醉舞便如风拂过了耳畔。

那一天，白居易也仿佛回到了年轻的时候，耳边丝竹
旖旎，席上金樽莫停，回首七十余年滔滔大梦，尽付春风。

铁凿金锤殷若雷，八滩九石剑棱摧。

竹篙桂楫飞如箭，百筏千艘鱼贯来。

振锡导师凭众力，挥金退傅施家财。

他时相逐西方去，莫虑尘沙路不开。

七十三翁旦暮身，誓开险路作通津。

夜舟过此无倾覆，朝胫从今免苦辛。

十里叱滩变河汉，八寒阴狱化阳春。

我身虽殁心长在，暗施慈悲与后人。

——《开龙门八节石滩诗二首》

开龙门八节石滩，也是白居易人生中最后一项政绩。

"香山闲宿一千夜，梓泽连游十六春"，多年来，白居易定居洛阳，结缘香山，时常夜宿寺中，抬头可见西方极乐，俯首便是民生多艰。

香山之下，伊河滚滚，八节滩前后约十里，乃洛中航运要道，却因水浅峭石多，河床中的乱石经常划破船筏，翻船事故时有发生。船夫若想减少损失，就只能下水人工推船。到了冬天，河水冰冷刺骨，十里险滩，如八寒地狱，把船夫们折磨得生不如死、苦不堪言。

茫茫寒夜，八节滩的哭声传到耳边，让他心痛得无法安眠。

白居易便有了一个心愿，希望改变八节滩之困，将船夫们彻底从苦难中拯救出来。

会昌四年（公元 844 年），生过几场大病的白居易决定实施开凿石滩计划，让伊河航道畅通无阻。在两位僧人朋友的帮助下，白居易画出了施工设计图，接着又贴出布告，散尽家财，带头开凿龙门八节石滩，所谓贫者出力，仁者施财。

时间则选在当年的冬天，伊河水位较低的时候。

白居易记得开工那一天，龙门的百姓和伊河的船夫带着铁凿、石锤等工具全来了。

到了第二年的春天，伊河涨水，碧波涌动，八节滩的乱石终于被人们的智慧与毅力驯服，变成了畅通的航道，夜舟过境，平安通行，再无事故发生。

得老加年诚可喜，当春对酒亦宜欢。
心中别有欢喜事，开得龙门八节滩。

眼暗头旋耳重听，唯余心口尚醒醒。
今朝欢喜缘何事，礼彻佛名百部经。

——《欢喜二偈》

洛阳的春风都是从伊河吹来的，风里充满了温暖与欢喜。

龙门八节石滩得以通航，自古之险与未来之苦皆一夕除尽，自此阳春常在，万物生辉，洛阳百姓无不欢呼。

是以，白居易设宴履道里，举办七老会，不仅是对八节滩航道竣工的一次小小的庆祝，也是对人生的一次回顾与总结。

时间倒流，回到会昌二年七月，刘禹锡病逝，白居易伤恸之余常感自己时日无多。

不过对于死亡，他并不恐惧，而是像坐在夕阳下打盹儿的老者一样，一壶酒，一卷书，静静等待良夜的降临。

同时，他也意欲挂冠致仕，一心悠游山水，退隐向佛，"或伴游客春行乐，或随山僧夜坐禅""今朝欢喜缘何事，礼彻佛名百部经。"

　　于是白居易变卖田宅，遣散家妓，一再将人生删繁就简，为百姓拔除悲苦，布施欢乐。

　　"乐天既老，又病风，乃录家事，会经费，去长物。"白居易在诗中规划了处置家产的顺序，还估算了一下田宅价值多少钱："先卖南坊十亩园，次卖东都五顷田。然后兼卖所居宅，仿佛获缗二三千。"

　　不久后，他以刑部尚书致仕，成了一名真正的白衣居士、诗酒闲人。

　　但致仕后俸禄减半，加之年事已高，身体抱恙，自然也就不宜再耽误佳人们的前程。

　　"樱桃樊素口，杨柳小蛮腰""菱角报笙簧，谷儿抹琵琶。红绡信手舞，紫绡随意歌"，樊素、小蛮、菱角、谷儿、红绡、紫绡，她们都是白居易蓄养的家妓，个个色艺双绝。她们的芳名，也让白居易的诗集散发出胭脂与花朵的香气。

　　樊素是最后一个离开白居易的。

　　当时樊素的年纪大约是二十出头，芙蓉为面柳为眉，风姿绰约，歌喉婉转，以一首《杨柳枝》闻名，故得"杨柳枝"之艺名。

那一日，白居易还打算卖掉家中的骆马。那是白居易最爱的坐骑，高大健壮，四蹄生风，极通灵性。但是他老了，出门只能乘坐软舆，已经骑不上马了。与其将它关在马厩之中，不如还它自由，让它另寻良主，继续驰骋大好河山。

怎料骆马被人牵出白宅时，竟回头长嘶一声，声音悲哀，似有万般留念。

樊素闻骆马回顾一鸣，更生人散曲终之感，一时伤心不已，拜倒在白居易面前，声泪俱下，希望可以将其留下。

白居易听闻樊素一席话，内心虽伤感不舍，但显然又泛出些许欣慰来。

骆马之忠义，樊素之情深，皆可一慰老怀。

他立即令人将骆马牵回，又让樊素返回闺房之中。

他虽老病，却终究未到山穷水尽、四面楚歌的境地。

昔日霸王别姬，乌骓殉主，实在奈何不得；今日乐天放妓卖马，又岂能忘情？

白居易当然也知道，左顾红袖、右命青娥的时光终将彩云散尽、琉璃成灰。

眼前无长物，方可生清凉，抵达忘尘之境。

只是到底难舍一个“情”字。

“花非花，雾非雾。夜半来，天明去。来如春梦几多时，去似朝云无觅处。"

就像他从杭州带回的白鹤已经寿终正寝，从苏州运来的小船也已经腐朽残败。二十年间，故人凋零，知己一个个离他远去，人生这场大梦，除了留下的文字，最后能带走的又有什么？

会昌五年五月，"七老会"之后，白居易终于将一生著作《白氏文集》整理完毕，前后七十五卷，诗笔大小三千八百四十首。集有五本，又叮嘱家人将其一一安置妥当。

其中三本分别藏于庐山东林寺经藏院、苏州南禅寺经藏内、东都胜善寺钵塔院律库楼，另外两本则留给侄儿阿龟和外孙谈阁童，让他们各藏于家，传于后人。

> 风雨萧条秋少客，门庭冷静昼多关。
> 金羁骆马近赍却，罗袖柳枝寻放还。
> 书卷略寻聊取睡，酒杯浅把粗开颜。
> 眼昏入夜休看月，脚重经春不上山。
> 心静无妨喧处寂，机忘兼觉梦中闲。
> 是非爱恶销停尽，唯寄空身在世间。
>
> ——《闲居》

会昌五年秋，白居易风疾愈发严重，已经很久不出家门了。

骆马到底还是卖了。

樊素也另寻了人家。

他爱的人，都离去了。

他厌恶的，也与他无关了。

日升月落，时间静极了，昏昏若梦的人，可忘尽机心，也可忘却尘世。

身是空身的人，生也可，死也无不可。

会昌六年（公元 846 年）春，白居易终日卧床，内心却澄澈安定。

他在等待死亡的降临，如同等待踏上另一段旅程。

在洛阳的春风里，除了邀请李商隐给自己写墓志铭以外，他还自写了一份墓志铭，即《醉吟先生墓志铭》，郑重交代后事，一切从简，切莫铺张。

而从墓志铭的序言中我们可以看到，白居易当时是交代家人，将自己葬于下邽祖坟的。但到了是年八月，白居易预感大限已至，又改变了之前的想法，嘱托妻子杨氏和侄儿阿龟，让他们把自己葬到香山："不归下邽，可葬于香山如满师塔之侧。"

"且共云泉结缘境，他生当作此山僧。"或许，正是因为白居易太喜欢香山，曾许愿来世在香山做一名僧人，与云泉做伴，深结佛缘。

是年八月，白居易于洛阳履道里白宅安详离世，享年七十五岁。

当时，新登基的唐宣宗正在大肆清理李党，并有意请白居易回朝为相。

得知白居易已故的消息后，宣宗不禁怅然若失，怆然泪下，遂写诗悼念，又赠其尚书右仆射，谥号"文"。

缀玉联珠六十年，谁教冥路作诗仙。

浮云不系名居易，造化无为字乐天。

童子解吟长恨曲，胡儿能唱琵琶篇。

文章已满行人耳，一度思卿一怆然。

——唐宣宗《吊白居易》

白居易自称"诗魔"，人称"诗王"，原来，还是唐宣宗心中的"诗仙"。

若白居易泉下有知，会不会因为错过唐宣宗这样的明君和知己而遗憾？

若来生可以选择，白居易会不会选择在香山做一名"诗僧"？

诚然，除却"诗王""诗魔"这些身份，白居易还是心怀兼济之志的士大夫、勤政爱民的地方官、富有情趣的闲适主义者，也是伤感的恋人、深情的友人、被误读的君子、真性情的艺术家，更是可以与你比邻而居的生活家、乐善好施的佛教徒、风流天真的乐天派。

白居易与李白、杜甫并称"唐代三大诗人"，如果说李白、杜甫是大唐的双子星，那么白居易就是人间的红泥小火炉，温暖，亲切。

在西方，他与贝多芬齐名。

在日本，他是举国敬仰的文学家，对"侘寂""禅悦"的日式审美与文学作品的影响都极为深远，《白氏文集》不仅是醍醐天皇的平生所爱，更是嵯峨天皇的枕边书。

"凡平生所慕所感，所得所丧，所经所遇所通，一事一物已上，布在文集中，开卷而尽可知也。"

打开白居易的诗集，一千余年的光阴就这般悄然漫过内心的山川与草木。

我有所念人，隔在远远乡，从洛阳，到长安；从江南，到西蜀；从江州，到中原……顺着诗中的地点一路溯源，来到白居易生命的源头，我们又可以看到，位于东郭宅的白家大院，经过无数次王朝的更迭和岁月的洗礼，已经变成了一座学堂。

学堂里挂满了白居易的诗文，操场上还有一座近年修建的白居易石像。

石像边，满脸稚气的孩子们正在嬉戏玩耍。

花非花，雾非雾。花是花，雾是雾。不远处的溱洧二水依然涣涣有声，新栽下的芍药，已经结满了花苞，香气还带着大唐王朝的气息，一团一团地浮动在脉脉斜阳下，那么腴润浪漫。

不久，上课铃响了，教室里的孩子们摇头晃脑地念一位大唐少年写过的诗句："离离原上草，一岁一枯荣。野火烧不尽，春风吹又生……"

青草离离，文脉依旧，时间的棱镜在朝阳下折射出奇妙的光芒。

那一刻，合上诗集，一如目睹孤舟泊岸，生命的种子回归大地，被春风抱在怀中。